KB117902

제주 북쪽

제주시 구좌읍
애월읍 조천읍 한림읍

대한민국 도슨트
한국의 땅과 사람에
관한 이야기

09

제주 북쪽

제주시
구좌읍
애월읍
조천읍
한림읍

현택훈 지음

21세기북스

삼성혈의 봄

별도봉에서 바라본 제주시와 한라산

차례

제주 북쪽 지도

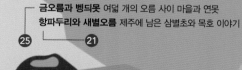

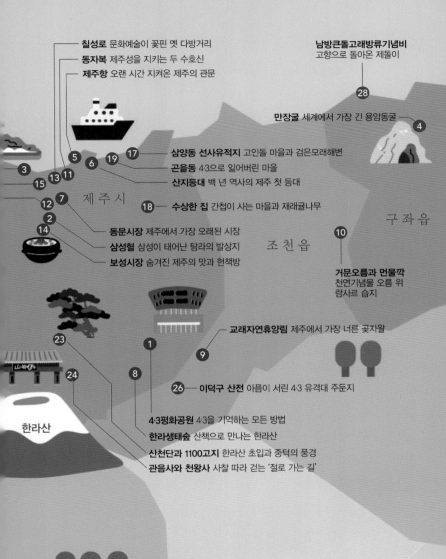

칠성로 문화예술이 꽃핀 옛 다방거리
동자복 제주성을 지키는 두 수호신
제주항 오랜 시간 지켜온 제주의 관문

남방큰돌고래방류기념비
고향으로 돌아온 제돌이
28

만장굴 세계에서 가장 긴 용암동굴 ——
4

3
15 13 11
5 19 17 —— **삼양동 선사유적지** 고인돌 마을과 검은모래해변
6 —— **곤을동** 4·3으로 잃어버린 마을
—— **산지등대** 백 년 역사의 제주 첫 등대

제 주 시
12 7
18 —— **수상한 집** 간첩이 사는 마을과 재래귤나무

구 좌 읍

2
14

10

—— **동문시장** 제주에서 가장 오래된 시장
삼성혈 삼성이 태어난 탐라의 발상지
보성시장 숨겨진 제주의 맛과 헌책방

조 천 읍

거문오름과 먼물깍
천연기념물 오름 위
람사르 습지

—— **교래자연휴양림** 제주에서 가장 너른 곶자왈

23
1
9

24
8
26 —— **이덕구 산전** 아픔이 서린 4·3 유격대 주둔지

한라산

4·3평화공원 4·3을 기억하는 모든 방법
한라생태숲 산책으로 만나는 한라산
산천단과 1100고지 한라산 초입과 중턱의 풍경
관음사와 천왕사 사찰 따라 걷는 '절로 가는 길'

서 귀 포 시

나는 시엣아이였다. 시엣아이는 제주시 원도심에서 유년기를
보낸 사람을 일컫는 말이다. 변명으로 들리겠지만, 제주의 전
통 문화를 잘 알지 못한 채 성장했다. 시를 쓰면서 제주를 제
대로 알지 못하는 점이 부끄러웠다. 그래서 제주를 알고 시를
써야겠다는 생각이 뒤늦게 들었다. 제주에 대한 책을 보면서
내가 그 제주의 장소와 시간의 지층에서 살아왔음을 희미하게
인식하기 시작했다. 그리고 이 책을 준비하면서 다시 한번 제
주를 마음 깊이 느껴야겠다는 다짐을 새삼 하게 되었다.

나는 부루기에서 태어났다. 부루기는 제주시 화북2동에
있는 마을이다. 지금은 부록마을로 칭하는데 예전에는 부루
기였다. 아마도 행정 표기를 하면서 그렇게 바뀐 것 같다. 내

가 일곱 살에 이사를 간 거로마을은 한자로는 클 거(巨), 늙을 로(老)를 쓰는데 유교적 명명으로 보인다. 설촌 유래에 거로마을을 하늘에서 보면 거룻배를 닮아 이름을 그렇게 지었다는 설이 있다. 그 옛날에 높은 산에서 내려다본 마을의 모습을 배로 본 사람의 눈이 근사하다. 고향을 부록마을이라고 하면 별책 부록으로 붙어있는 마을이냐며 웃는데, 원래 지명인 부루기의 뜻을 찾아보았지만 분명한 뜻은 알 수 없다.

제주 북쪽은 내가 나고 자란 곳이다. 내가 태어난 부록마을 과수원집은 할아버지가 지은 집이다. 나는 귤밭의 사계를 보며 자랐다. 귤나무 잎사귀에 맺힌 이슬을 보며 시를 쓰기 시작했다. 그 원풍경의 아름다움이 내 문학의 시원(始原)이다. 귤꽃 향기를 맡고, 귤 나뭇잎의 푸르름 위를 등에처럼 날아다녔고, 눈 덮인 귤밭을 이글루로 여기며 놀았다. 일곱 살에 거로마을로 이사했고, 별도천을 만난 건 행운이었다. 그곳은 우리의 놀이터였다.

거로마을 집 뒷마당에는 큰 비파나무가 있었다. 나무에 올라 비파를 먹고 씨를 뱉으면 다음 날 그 자리에 싹이 돋았다. 그 집 밖거리(바깥채)에 살던 홍기찬 막내 외삼촌이 내게 음악과 별자리와 탁구와 스무고개를 알려줬다. 그 집에서 할머니, 할아버지, 어머니가 돌아가셨다. 해마다 유월이면 비파가 노랗게 익었다.

열네 살이 되어 고으니모루를 지나 제주 시내에 있는 중학교에 다녔다. 마을 어르신들은 제주 시내를 성안이라 불렀다. 제주성(城)이 있었던 흔적이 말에도 남아있었다. 아버지는 4·3 당시 인민유격대장 이덕구가 죽은 채 관덕정에 걸려 있는 모습을 봤다고 내게 말했다. 큰고모네 식구는 4·3 당시 목숨을 잃었다. 아버지는 대숲에 숨어 있었다. 아버지는 숨어 지내는 동안에도 곤밥(쌀밥)에 쇠고기 장조림을 달라며 보챘다고 한다.

나는 관덕정 맞은편에 있는 우생당에서 〈어깨동무〉나 만화책을 사곤 했다. 용돈을 모아 카세트테이프를 사러 시내에 자주 갔다. 제주시 시민회관 근처에 있는 오락실에서 살다시피 했다.

제주시 원도심에 위치한 현대약국 앞이나 제주서림은 만남의 장소였다. 제주시에 지하상가가 건설되자 원도심은 전성기를 구가했다. 제주시 사람들은 옷이나 신발을 대개 지하상가에서 샀다. 지상의 칠성로와 함께 패션의 중심이었다. 제주 시내에 가기 위해서 옷에 신경을 쓰던 사춘기 소년소녀들은 시내 가는 날이 설레는 날이었다. 내가 처음 영화를 본 곳은 현대극장이었고, 가장 많이 드나든 곳은 동양극장이었다.

영화 '레인맨'을 보는데, 친구가 중간에 일어섰다. 아버지가 데모하는 곳에 가야 한다고 했다. 당시 친구의 아버지는 〈제주일보〉 기자였는데 노조 시위를 하는 중이었다. 훗날 그 노조원들은 퇴직해 〈제민일보〉를 만들었다. 톰 크루즈처럼 백팩을 손에 쥐고 다녔다. 동양극장은 씨네하우스로 이름을 바꾸고 동시상영관으로 버티다 문을 닫았고, 현대극장은 몇 년 전에 허물어졌다.

중학교 문예부에 가입해 치기 어린 시를 쓰며 폼 잡던 어느 날이었다. 우당도서관에서 책을 읽다가 나와 별도봉 쪽으로 걸었다. 산지등대에 이르러 주저앉아 멍하니 바다를 바라봤다. 먼 나라에서 온 식물로 보이는 아열대 나무들이 숲을 이룬 곳이었다. 그때서야 비로소 내가 섬에 산다는 걸 인식하기 시작했다. 제주도가 섬이라는 건 어린 시절에도 모르는 바는 아니었으나 섬사람이라는 정체성을 느끼기 시작한 것은 산지등대에서 제주 북쪽 바다를 보던 그날인 것 같다. 그리고 이십 년 정도 지나 나는 우당도서관에 있는 비파나무를 제재로 한 시를 써서 시인이 됐다.

내가 첫 번째 시집과 두 번째 시집을 낼 때 머물렀던 집은 원래 여인숙이었다. 용담1동에 있던 들꽃여인숙. 그때까지만 해도 아버지는 시외버스 터미널 근처에 있는 댄스홀에 춤을 추러 다녔다. 그곳은 지금 주차장으로 바뀌었지만, 제주시 어디를 가든 다 기억이 남아있다. 동문시장 부근 옥탑방에서도 삼 년 정도 살았다. 그곳 옥상에서 별을 보며 시를 썼다. 제주성(濟州城)을 일컬을 때 별 성(星)을 썼다는 건 나중에야 알았다.

유년기를 보낸 화북 바닷가 마을인 곤을동에 대한 시를 써서 과분한 문학상을 받았을 때 별도천에서 놀다 내창(하천)이 범람해 목숨을 잃은 친구가 생각났다. 그 아이는 곤을동 앞바다에서 발견됐다. 나보다 올챙이를 잘 잡던 친구였다. 고등학교 동창이자 군대에 있을 때 서로 편지를 주고받기도 했던 성환은 이름처럼 일찍 별이 되었는데, 고맙게도 내 시에도 내려앉았다. 이 책을 준비하며 가장 많이 찾아간 곳은 별도천과 성환이 살던 삼양이다. 제주 북쪽은 나의 슬픔을 안아준다.

시 쓰는 서귀포 여자와 결혼했다. 연애할 때 창자까지 시원해진다며 삼양 바다로 나를 이끌었다. 아내와 가끔 영화관에 간다. 메가박스 제주점은 이름이 아카데미극장이었을 때부터 내게 영화적 꿈을 꾸게 해준 곳이다. 나의 첫 직장이 아카데미극장이었다. 영사기 보조 기사로 일하면서 원도심의 청년으로 살았던 그때의 나와 조우할 때도 있다.

오는 주말에는 아내와 함께 심야 영화를 봐야겠다. 영화를 보고 나와서 제주시 중앙로 거리 어느 편의점에 들러 커피를 마시며 제주시의 밤 속으로 들어가야겠다. 그러면 제주 북쪽에서 살다간 사람들이 귀신처럼 나와 밤거리를 가득 메울 것이다.

산북에서
현택훈

용두암

제주의 시조가 탄생한
제주 산북은
제주의 관문이자 중심이다

제주도는 화산 활동으로 이루어진 섬이다. 용암대지 위에서
살아가는 사람들은 이 아름다운 자연을 설화로 받아들였다.
천지왕 본풀이는 창세기로 시작하며, 이는 제주의 탄생과 맞
물려 있기에 여전히 우리는 신화의 시대에 살고 있는 셈이다.
제주의 시간은 지질과 설화의 만남으로 시작된다.

　고산리, 용담동, 삼양동, 북촌리 등지에 선사유적지가 있
다. 용담동은 고인돌의 마을이다. 몇 해 전에 용담동에서 철
제 장검이 발견되었다. 제주 민요 중에「용천검」이 있는데, 그
칼은 용천검의 모습을 하고 있다. "찾던 검을 쑥 빼고 보니 난
데없는 용천의 검이라"를 부르는 제주 여성은 물허벅을 두드

려 장단을 맞춘다. 노동요이면서도 상서로운 칼을 찬탄하는
마음이 가락에 녹아있다.

옛 제주 사람들은 이 섬 북쪽에 북두칠성을 표시해 별을
기렸다. 독립국가 시절의 탐라는 해상무역을 했다. 바다에서
는 별자리가 중요한 좌표가 된다. 칠성로라는 지명이 여전히
제주시 원도심의 중심에 있다. 탐라는 그 시절 어떤 꿈을 꿨던
것일까.

제주의 삼성 고을라, 양을라, 부을라가 제주의 시간을 땅
으로 이동시켰다. 삼성신화라 일컫는 이 이야기는 이 섬의 건
국신화로서 제주의 출발을 보여준다.

국사책에는 탐라를 비중 있게 다루지 않는데, 그 점은 중
앙 중심적 역사 인식에서 비롯된 결과다. 군사력이 미약했고,
중앙집권적 왕이 제대로 없었다는 까닭으로 국가로 인정하지
않는 점은 해상무역국의 특성을 살피지 못했기 때문이다. 해
상무역을 하던 당시의 나라들은 군사력을 길러 다른 나라를
위협하면 교역 상대국이 될 수 없었다. 탐라는 유구(오키나와)
는 물론이고 멀리 안남국(베트남)과도 교류했다.

설문대할망은 치마폭으로 흙을 퍼 날라 제주도를 만들었
다. 흙을 나르다 떨어진 부스러기는 오름이 되었다. 설문대
할망이 썼던 족두리는 제주시 오라1동 KBS제주 방송국 근처

족감석 제주 창조의 여신 설문대할망이 머리에 쓰고 다니던 족두리라는 설화가 얽혀 있다. 2007년 태풍에 떠내려간 것을 마을 사람들이 중장비를 동원해 제자리로 옮겼다.

내창에 있다. 족감석이라고도 불리는 이 바위가 2007년 태풍 나리 때 수십 미터 떠내려가자 마을 사람들은 중장비를 동원해 원래 자리로 옮겨놓았다. 설화를 대하는 제주 사람들의 마음을 읽을 수 있다.

유배의 섬, 표해의 섬

조선시대에 제주는 유배의 섬이었다. 고려시대에도 있었던 유배였지만, 조선시대에만 수백여 명이 유배지로 이 땅에 왔다. 이곳은 유배를 오는 동안 배가 좌초될 수 있어서 중대 죄인이 형벌을 받는 절해고도의 유배지였다. 충암 김정, 동계 정온, 청음 김상헌, 우암 송시열 등이 제주도에 왔다. 이들은 제주목사로 부임했던 규암 송인수와 함께 오현단에 배향되었다. 추사 김정희는 제주도 유배 생활 중에 비로소 추사체를 완성했다고 평가받는다.

유배인들과 관리들이 배를 타고 제주도에 들어올 때는 제주포구나 조천포구를 주로 이용했다. 포구 입구에는 비석거리가 있다. 면암 최익현의 적거 터는 제주시 일도1동에 있고, 광해군의 적소는 서문 안에 있었다는 기록이 문헌에 남아있다. 광해군은 제주도 유배 중에 병사했다. 칠월 초하루에 내리는 비를 광해우(光海雨)라 부른다. 제주 사람들은 이 유배인들을 귀양다리라 불렀으며, 이들 유배인 중에서는 입도조가 되기도 했다.

유배와는 어울리지 않는 것 같지만 러브스토리도 있다. 1777년 제주에 유배 온 조정철과 홍윤애의 이야기다. 제주시 시외버스 터미널 부근에는 홍윤애를 기려 홍랑로가 있다.

유배인들은 위리안치의 삶을 살았지만, 제주에 적잖은 영향을 준 경우도 많았다. 인목대비의 모친인 광산부부인(光山府夫人) 노 씨가 제주도에 유배를 왔을 때 생활이 어려워지자 술지게미를 얻어다 막걸리를 만들어 내다 팔았는데, 사람들은 그 술을 모주(母酒)라 불렀다.

최근 몇 년간 많은 사람들이 제주도로 이주를 해왔다. 각박한 서울에서 지친 사람들은 제주도에 살며 치유의 시간을 갖기도 한다. 제주도 사람들이 원래부터 그냥 걷던 길을 올레길이라 이름 붙여 코스를 정해 걷는다. 제주를 걸으면 제주의 역사를 만날 수 있게 표지석이 길 곳곳에 있다. 유배를 왔던 사람이 머무른 집이 있던 자리, 조선시대에 어떤 건물이 있던 터 등의 내용이 있으니 그런 표지석만 찾아다니는 여행도 흥미로울 것이다. 올레길 외에도 유배길, 천주교 순례길, 절로 가는 길 등 역사가 머무른 길이 많다.

제주도는 유배의 섬이자 표해의 섬이기도 하다. 추쇄경차

관으로 제주에 부임한 최부는 1448년 부친상을 당해 급히 배를 타고 가다가 풍랑을 만나 중국 저장성 닝보부에 표착해 중국 대륙으로 이동하는 기행을 했다. 진무 김대황은 진상마를 싣고 1687년 화북포에서 출발했다가 표류를 해 베트남을 거쳐 갔다가 다시 돌아오기까지 16개월이 걸렸고, 애월 출신 장한철은 1770년 대과 시험을 보기 위해 배를 탔다가 표류해 유구(오키나와)에 표착하는 등 구사일생 끝에 돌아왔다. 그들의 이야기는『표해록』으로 남아 전해지기도 한다.

장두의 길 위에서

1886년 한불수호조약과 1896년 교민조약으로 치외법권을 얻은 천주교 선교사들은 교세 확장을 꾀하면서 봉세관과 결탁해 제주인에 대한 가렴주구에 앞장섰다. 교인들은 신목을 자르고, 굿을 미신이라며 업신여겼다. 마침내 1901년 대정군수 채구석은 상무사를 통해 이재수를 장두로 한 민회를 열었다. 동진과 서진으로 나누어 민군이 제주성으로 향하자 겁먹은 천주교인들은 민회 사람들을 공격하며 화를 키웠다.

제주시 황사평에 있는 천주교 공동묘지는 당시 민군의 주둔지이자 관군과 민군의 격전지였다. 천주교의 폐단에 지친 성내 주민들은 민군에 동조해 제주성을 열어주었다. 관군의 회유에 넘어간 이재수는 서울로 압송되어 교수형에 처해졌다. 뒤에 프랑스가 요구한 피해보상액을 갚은 것은 제주 도민이었다. 천주교 측에서는 이 사건을 교난이라 부르지만, 봉기를 일으킨 민중의 입장에선 반봉건, 반외세를 외친 항쟁이었다.

황사영의 백서사건으로 그의 아내 정난주가 유배되어 온 지 백 년이 지나 발생한 이 사건으로 제주도 사람들의 마음을 알 수 있다. 이 땅에 살기 위해 탄압에 저항했던 제주도는 이어 1948년 4·3을 맞이했고, 인민유격대장 이덕구가 이재수에 이어 장두의 길을 갔다.

동백꽃 지다

미군정 치하에서 제주도 인민위원회의 구성원들은 대부분 항일운동을 하던 인물들이다. 인민위원회 위원장 오대진은 제주도 야체이카를 결성해 1931년 산지항 축항 공사 관련 노동쟁의 등의 항일 투쟁을 전개하다 붙잡혀 징역을 살았다. 제주도 인민위원회는 제주시 중앙로터리에 있었다.

1944년 제주도에서 처음으로 극장이 건립되었다. 이름이 제주극장이다. 무성 영화와 유랑 극단의 공연장으로 쓰이는 이곳에서 1947년에 제주도 민주주의민족전선 결성식이 진행되었다. 제주극장 자리에 조일구락부가 있었다. 당시 박경훈

1960년대의 관덕로 관덕로는 제주목관아, 관덕정 광장을 품고 제주시를 가로지르는 길이
다. 도로가 생기면서 옛 모습이 사라졌지만, 관덕정 광장은 제주 문화예술과 정치의 중심에
위치해 다양한 사건이 쌓인 곳이다.

도지사가 축사를 할 정도로 영향력이 있는 행사였다. 제주극장은 영화 상영이나 연극 상연뿐만 아니라 정치 집회도 열리는 제주 문화예술과 정치의 중심지였다. 훗날 이름을 현대극장으로 바꿨다. 수십 년간 제주도 영화 문화의 현장이었으나 1990년대에 이르러 경영이 어려워졌다. 많은 예술가들이 만류했지만 결국 2018년 철거되었다.

제주4·3의 도화선이 된 1947년 3·1절 발포사건이 발생한 곳이 관덕정 광장이다. 지금은 도로가 나서 광장다운 모습이 사라졌지만 1947년 3월 1일에 제주북초등학교에 모인 사람이 삼만여 명이었다. 제주 도민들은 제주북초등학교에서 관덕정 광장으로 행진하면서 통일된 나라를 만들어야 한다는 구호를 외쳤다. 무차별 총격으로 여섯 명의 사망자와 여덟 명의 부상자가 발생하자 3·10 민관 총파업에 들어갔다. 이듬해 4·3이 일어나고 김달삼에 이어 두 번째로 인민유격대장이 된 이덕구의 시신이 매달려 있던 곳도 관덕정 광장이다.

제주시 중앙로 옛 아리랑백화점 맞은편에 3·10 총파업 투쟁위원회 사무실이 있었는데 3월 14일 제주도에 내려온 경무부장(경찰청장) 조병옥이 강경 진압을 지시했고, 이듬해 4·3이 일어나기 전까지 약 이천오백 명이 검거되었다. 조병옥은 서북청년단을 제주도에 들어오도록 지시했다. 서북청년단은 제주도 사람들을 학살했다. 악명 높았던 서북청년단의 사무실은 제주시 칠성로 한가운데에 위치했다. 미군정과 이승만 정부는 '제주도 주민 90% 이상이 빨갱이'라 여기며 학살을 자행했다.

김익렬 연대장과 김달삼 유격대장이 구억리에서 만나 4·28 평화 협정을 진행했는데, 미군정은 서북청년단을 통해 오라리 연미마을에 불을 지르고 '메이 데이'라는 영상을 촬영했다. 폭도의 소행이라는 조작 영상을 만들어 평화 협정을 폐기시켰다. 며칠 뒤 김익렬은 해임되었다.

벚꽃길로 유명한 제주시 전농로에는 제주농업학교가 있었다. 해방 직후 일본군의 항복 절차가 이곳에 진행됐고, 미59 군정 중대본부가 있던 곳도 이곳이다. 4·3 당시에는 9연대 본부가 주둔했다. 9연대에 이어 11연대가 들어왔고 강경 진압에 반대해 대거 탈영하는 일이 발생했다. 학살을 주도한 박진경 연대장은 이곳 농업학교 숙소에서 문상길 중위, 손선호 하사에 의해 암살되었다.

제주항 부근에는 주정공장이 있었다. 4·3 당시 그곳에 많은 사람들이 억류되었다. 육지 형무소로 끌려가 6·25전쟁이 발발하자 예비검속으로 죽임을 당한 사람들은 제주항에서 배를 탔다. 그 배마저 타지 못한 채 많은 사람들이 바다에 수장되었다. 제주 북쪽 바다는 검붉게 파도 소리를 낸다.

제주도 사람들은 붉게 핀 동백꽃을 보며 피의 역사를 떠올린다. '4·3'은 군사 독재 시대에 금기의 단어였다. 현기영 소설가의 소설 『순이 삼촌』은 "4·3을 말해야 한다"는 진실 규명의 목소리를 모으는 계기가 되었다. 강요배 화가는 '동백꽃 지다'를 그림 그려 제주의 비극을 예술로 승화했다. 오멸 감독의 영화 '지슬'은 4·3 이야기로 선댄스영화제에서 심사위원 대상을 받았다.

제주의 북쪽은 제주의 중심

제주 북쪽은 제주시 원도심을 중심에 둔다. 동쪽으로는 조천, 서쪽으로는 애월 정도까지가 이 구역에 포함된다. 조천에서 해가 뜨고, 애월에서 달이 뜬다.

제주시 원도심은 목관아를 중심으로 제주성 안쪽을 일컫는다. 명월포구, 산지포구(제주포구), 화북포구, 조천포구 등이 조선시대 제주의 주요 관문인데, 모두 제주 북쪽에 위치한다.

일제강점기를 지나 1950년대까지 제주도 근대 문화의 중심은 단연코 제주시 원도심이었다. 여러 상회가 산지천 주변에 있었다. 1980년대에도 제주시 원도심은 제주도 최고의 상업지구였으나 이후 신제주가 건설되는 등 새로운 도시 개발이

제주항 제주항은 1735년에 산지항으로 개항할 당시부터 육지와 제주를 오가는 배가 드나들었다. 제주항과 제주공항이 자리한 제주 북쪽은 오랜 시간 제주의 관문 역할을 해왔다.

이루어지면서 원도심은 쇠락의 길로 들어섰다.

일제강점기에는 제주에서 오사카를 오가는 배가 있었다. 군대환(기미가요마루)을 타고 많은 사람들이 일본으로 갔다. 오사카 이쿠노구에는 제주도 사람들이 많이 살고 있다. 일본에서 자수성가한 사람들은 제주 고향 마을에 희사하는 것으로 향수를 달랬다.

6·25전쟁 중에 제주도로 온 피난민 중에는 문화예술계의 사람들도 꽤 있었다. 그들은 제주시 원도심 다방에 모였다. 그곳을 장소로 제주의 근대 예술이 형성되었다. 다방은 단순히 차를 마시는 곳이 아니라 예술가들이 모여 예술을 얘기하는 장소이자 작품을 전시하는 갤러리 역할을 했다. 문학의 밤이나 화가의 전시회가 열리는 그곳에서 제주 예술의 모더니즘이 형성되었다.

제주 북쪽은 제주의 중심이다. 주요 관청이 탐라국 시대부터 있었다. 지금도 도청과 시청이 제주 북쪽에 있다. 오랫동안 문화의 중심지였다. 1990년대 초반까지만 해도 제주시 원도심에 영화관이 다섯 곳 정도 있었다. 극장이 많은 제주시였다. 그런 까닭인지 영화감독들이 대거 탄생했다. 멀티플렉스가 등장하면서 단관 영화관들이 사라졌다.

제주공항과 제주항이 있어서 제주 북쪽은 제주의 관문 역할을 이어왔다. 제주를 드나들기 위해서는 제주 북쪽을 꼭 거쳐야 한다. 제주 역사의 중심은 제주 북쪽에 늘 있었다. 탑바리로 불렸던 탑동. 탑바리 아이들이 멱 감으며 놀던 곳이었지만 지금은 밤이면 테트라포드 밑으로 파도의 기이한 울림이 들린다. 가끔씩 술 취한 사람이나 낚시꾼이 그 간격 사이로 빠져나오지 못하는 사고가 발생한다.

눈물소에 베 세와두곡 한숨이랑 지으멍 살라

1991년 제주특별자치도특별법이 제정되었다. 이 법은 제주를 관광과 개발을 위해 존재하는 섬으로 여기는 독소조항들로 가득했다. 제주대학교 사학과를 다니다 그만두고 농민운동을 하던 양용찬은 이 특별법을 반대하며 분신했다. 이후 제주국제자유도시개발센터(JDC)가 만들어져 제주도 이곳저곳을 개발하고 있다.

　제주도는 현재 난개발과 과잉관광으로 제주다움을 많이 잃었다. 곶자왈을 파헤쳐 테마파크나 골프장을 건설해왔다. 제주시 노형동에는 지상 38층 드림 타워가 세워졌다. 이곳을 비롯해 제주시의 큰 호텔마다 카지노가 성행 중이다. 렛츠런파크에서는 경마를 하기 위해 사람들이 줄을 선다. 몇 분 더 빨리 가기 위해 비자림로 삼나무를 베는 식의 개발이 이루어

제주대학교 용담캠퍼스 본관 건축가 김중업의 설계로 1970년 완공되었다. 한국 모더니즘 건축의 효시로 평가받았으나 붕괴 위험으로 1995년 철거되었다.

지고 있다.

자연경관뿐일까. 용담캠퍼스 시절 제주대학교 본관 건물은 건축가 김중업의 작품으로 1970년에 완공되었다. 한국 모더니즘 건축의 효시로 평가받는 이 건물은 안타깝게도 1995년에 철거되었다.

제주도는 우리나라에서 태풍의 길목이다. 1959년 태풍 사라, 2002년 태풍 루사, 2007년 태풍 나리 등 기록적인 태풍들이 제주도를 할퀴었다. 태풍 나리 때는 제주시의 복개천이 범람했다. 제주도는 화산토라서 물 빠짐이 좋아 홍수가 흔치 않은 지역인데, 당시 제주시 한천, 병문천, 산지천 등이 범람했다. 하천을 덮어 길을 만들었는데 자연은 그것을 용납하지 않았다.

제주시 북쪽 탑동은 바다를 매립해 땅을 넓혔다. 비가 많이 내릴 때는 하수구의 물이 역류한다. 몽돌 바닷가에서 보말을 잡으며 놀던 그곳엔 호텔이 들어섰다. 내도 알작지와 같은 몽돌 해안이 펼쳐졌던 제주 북쪽 바닷가는 해안도로가 만들어지면서 그 풍경을 잃었다.

제주도의 귤나무는 자녀들을 대학까지 공부시킨다고 해서 대학나무라 불렸다. 온주밀감에 이어 한라봉이 인기를 끌었다. 오렌지 빛깔은 제주의 색깔이 되었다. K리그 축구 클럽 제주 유나이티드의 유니폼 색깔은 오렌지다. 귤 수확 철에는 일손이 부족해 감귤 방학도 있었다. 음력 8월 초하루에는 벌초 방학이 있을 정도로 제주의 특수한 환경에 맞춘 방학이 있었다. 벌초는 요즘도 명절만큼 중요한 연례행사다. 서울에서 비행기를 타고 와 문중 묘지를 벌초하는 일은 예사다.

제주도 어르신들이 흔히 하는 말 중에 "먹엄직이 살암직이"가 있다. 어떻게든 살려고만 하면 살 수 있다는 말이다. 그렇게 제주도 사람들은 먹엄직이 살암직이 버텼다. "눈물소에 베 세와두곡 한숨이랑 지으멍 살라"라는 말처럼.

척박한 화산토에서 제주도 사람들은 고난과 격동의 시간을 끝내 살아왔다. 이 땅에서 태어나 이 땅에서 살아가기 위해 제주의 정체성을 지키며 살아간다. 제주다움은 제주에서 살아가기 위한 제주의 정신이다.

4·3평화공원 비설

01

4·3평화공원
끝나지 않은 세월을 간직하다

가난하지만 수눌음을 하면서 함께 살아가던 섬이었다. 1947
년, 비극의 그림자가 제주도를 덮기 전까지는 그랬다.

새싹 트는 들판에 마소 몰면서 종달새가 부르는 봄노
래에 진달래 꺾으면서 놀았던 것도 지금은 모두 다 꿈
같구나.

요조 - 「그리운 그 옛날」 중에서

4·3헌정음반 「산 들 바다의 노래」에 수록된 가수 요조의 노
래 「그리운 그 옛날」은 4·3이 일어나기 전의 평화를 노래하는

것으로 들린다.

만약 제주도에 처음 왔다면 4·3평화공원에 가장 먼저 가기를 권한다. 4·3을 이해해야 아름다운 풍경 너머의 이야기가 비로소 보일 것이다. 1947년 3·1절 발포 사건을 기점으로 1948년 4월 3일 봉기가 일어난 후 1954년 9월 21일 한라산 금족령이 해제되기까지 삼만여 명이 목숨을 잃었다. 이 아름다운 섬이 피로 물들었던 역사를 기억할 때 그제야 제주도를 만났다고 할 수 있다.

제주를 알려거든

4·3평화공원 가는 버스는 343번과 344번이다. 공항에서 버스를 타면 40분 정도 걸린다. 배차 간격이 1시간이라는 점이 좀 아쉽다.

4·3평화공원은 제주시 봉개동에 있다. 관람실 입구는 화산섬의 용암동굴을 재현해 놓았다. 마을 사람들은 동굴로 피신했다. 전부터 왜가 침입했을 때 숨던 곳이다. 많은 사람들이 그곳에 숨어 있다가 죽임을 당했다.

전시실 입구는 제주 동쪽 세화리에 있는 다랑쉬굴을 닮았다. 1948년 12월 8일 하도리와 종달리 마을 사람들이 피신해 지내다 발각되어 몰살당한 다랑쉬굴. 1991년 12월이 되어서

야 시신을 수습했다. 이러한 비극에 대해 수십 년간 입을 다물어야 했다. 사십 년 넘게 드러나지 못한 다랑쉬굴의 슬픔은 4·3에 대해서 말할 수 없던 시절을 보여주는 증거다.

4·3평화공원 전시관에는 세우지 못한 백비가 있다. 4·3에는 아직 이름이 없다. '5·18 광주민주화운동'처럼 이름이 있어야 하는데, 아직 이름이 없는 까닭에 백비는 차갑게 누워있다. 야외에는 행불자 묘역이 있다. 4·3 당시 끝내 찾지 못한 사람들이다. 대부분 형무소에 수감되었다가 6·25 전쟁이 발발하자 예비검속으로 목숨을 잃었다.

4·3평화공원이 본격적으로 조성되기 시작한 것은 1999년 제주를 방문한 김대중 대통령이 위령공원 조성을 약속하면서부터다. 4·3평화공원 조성은 4·3 진실 규명의 과정에 놓여있다. 제주4·3사건 진상규명 및 희생자명예회복에 관한 특별법에 따라 2003년 '제주4·3사건 진상규명 및 희생자명예회복위원회'에서 「제주4·3사건 진상조사보고서」가 확정되었다.

〈제민일보〉 4·3 취재반이 증언을 채록하며 쓴 『4.3은 말한다』는 증언의 힘으로 밀고 나간 진실의 대장정이다. 막내로 취재반에 들어간 김종민 기자는 끝까지 남아 신문에 연재 글을 썼다. 기자를 그만두고서도 그는 계속 4·3을 연구했다. 이러한 노력들이 모아져 진실 규명에 다가갔다.

4·3을 알아야 제주의 마음을 느낄 수 있다. 제주도 곳곳에 4·3의 이야기가 서려 있다. 제주에 들어올 때 가장 먼저 발을 딛는 제주국제공항에는 활주로 밑에 시신들이 묻혀있어서 김수열 시인은 비행기가 이착륙할 때마다 "빠직 빠직 빠지직" 뼈 소리가 난다고 표현했다. 제주항 앞바다에도 수장된 영혼들이 있다. 제주도의 북쪽 끝 제주항에서부터 남쪽 끝에 있는 정방폭포까지 피로 물들었던 날이 있었다. 최근엔 다크 투어리즘이나 평화 기행의 이름으로 4·3 유적지를 둘러보는 사람들이 늘었다. 제주를 알려거든 4·3평화공원은 반드시 찾아야할 곳이다.

끝나지 않은 세월을 노래하다

현기영의 소설『순이 삼촌』은 1979년에 발표되었다. 이 작품을 시작으로 4·3 문학이 본격적으로 시작되었다. 현기영 소설가는 이 문제작으로 인해 당시 정보기관에 끌려가 고초를 겪었다. 강요배의 그림 '동백꽃 지다'는 동백을 4·3의 상징으로 삼게 했다. 강요배라는 이름은 이름이 같다는 이유로 처형을 당한 어처구니없는 죽음을 다시 당하지 않기 위해 지은 슬픈 이름이다. 강요배의 또 다른 그림 '한라산 자락 사람들'에는 한라산이 푸르다. 이 엄청난 비극의 섬에서 한라산은 맑다.

사람들의 얼굴에는 그늘이 가득하지만 하늘은 반대로 빛을 내고 있는데 전혀 이질적이지 않다. 그래서 신령스러운 기운을 내뿜는다. 진실을 알고 있는 한라산은 고개를 숙이지 않는다. 당당하게 4·3을 증언한다.

제주작가회의는 4·3평화공원이 문을 연 해부터 지금까지 해마다 4·3시화전을 이어왔다. 이 전시는 어느덧 4·3문학의 한 줄기가 되었다. 시화전을 했던 작품들은 『4월 어깨 너머 푸른 저녁』, 『흩어진 신발을 모아 짝을 맞추는』 등의 추념 시집으로 모아졌다.

문학은 삶 속에서 표현된다. 삶이 곧 역사가 된다. 제주도에서 4·3문학은 숙명이다. 꽃잎들은 다 4·3을 상징하게 된다. 제주도의회에서 4·3 자문을 해온 강덕환 시인은 4·3 연구를 하면서 시집 『그해 겨울은 춥기도 하였네』를 발간했다. 증언을 듣고 온 밤엔 잠을 이루기 어려웠다고 한다. 기억은 시가 되고, 그 시는 또 다른 시가 된다. 제주시 도남동에 있는 제주문학관에 가면 더 많은 정보를 확인할 수 있다.

탐라미술인협회는 해마다 4·3미술제를 열었다. 그림으로 4·3을 표현해왔다. 김경률 감독이 만든 영화 '끝나지 않은 세월'에 이어, 오멸 감독이 '끝나지 않은 세월 2'라는 부제를 단 영화 '지슬'을 만들었다. 이 영화는 세계에서 가장 권위 있는 독립영화제로 꼽히는 선댄스영화제에서 심사위원 대상을 받았다. 오멸은 4·3의 비극을 흑백의 제주 풍경 위에 그렸다.

제주에서 활동하는 가수 최상돈은 노래 「세월」을 통해 '숨막히는 세월'을 노래한다. 제주어로 노래하는 뚜럼브라더스의 노래 「먹엄직이 살암직이」는 그 끝나지 않은 세월을 견딘 제주 사람들의 이야기다.

강요된 침묵과 역사 왜곡 속에서 진실을 찾은 과정으로 4·3은 2014년 국가추념일로 지정되었다. 제주의 예술가들은 4·3을 과거의 제주로 국한하지 않고, 여전히 세계에서 벌어지는 국가 폭력에 맞서는 일에 함께 연대하는 중이다.

거친 바람 부는 섬에서

4·3평화공원에서 거친오름으로 가는 길에 노루생태관찰원이 있다. 노루에게 먹이를 주는 체험을 할 수 있다. 노루는 오전에 먹이를 많이 먹으면 배불러 오후에는 잘 안 먹을 수도 있어서 오후에 갔다가 외로이 손을 뻗은 채 기다리기만 할 수도 있다. 산이라 날이 빨리 어두워지고 봄에도 저녁이면 추워지기 때문에 오후 늦게 찾는 건 피해야 한다.

한라산 노루는 백록담의 의미를 살리기 위해 다시 등장한 이후, 농부들의 미움을 받아 야생유해동물로 지정되는 우여

4·3평화공원 각명비 공원의 핵심 공간인 위령탑을 가운데 두고 각명비가 빙 둘러서 있다. 각명비에는 4·3 희생자의 성명, 성별, 당시 나이, 사망 일시와 장소가 기록되어 있다.

**거친오름에서 내려다본 4·3
평화공원** 4·3평화공원 바로
뒤에 선 거친오름에서는 토벌
대에게 쫓겨 피신하던 모녀의
시신이 발견되기도 했다. 오름
에서 훤히 내려다보이는 4·3평
화공원에 모녀의 넋을 달래는
조형물이 세워져 있다.

곡절을 겪기도 했다. 맹수가 없는 한라산에서 노루의 천적은 자동차여서 로드킬을 많이 당한다. 오름이나 한라산 산행 중 노루를 만나기도 한다. 노루는 순하고 겁이 많다. 동그랗고 맑은 눈망울에 사람을 보면 긴장한 몸동작을 보인다. 정군철 시인은 시 「철쭉」에서 봄에 철쭉이 한라산에 번지듯 피는 까닭이 노루 발바닥에 불씨가 묻어 사방으로 튀기 때문이라고 표현했다. 수수백 년 잠복해 있어서 산불감시 요원도 어쩌지 못한다고.

거친오름은 이름에 걸맞지 않게 오르기 어렵지 않은 오름이다. "산새가 험하고 거친 기생화산"이라는 안내판 문구가 무색하다. 조금 가파른 비탈에 수풀이 엉켜 있는 모습이 체면을 조금 살리고 있다. 어쩌면 거친 바람이 불어서 거친오름인지도 모르겠다. 주말마다 오름에 오르는 사람에게 물어보니 봄에 가면 복수초를 볼 수 있어서 눈이 따뜻해진다고 한다.

중턱에 이르면 4·3평화공원이 내려다보인다. 이 거친오름 부근에서 1949년 1월, 눈 더미 속 모녀의 시신이 발견되었다. 토벌대를 피해 피신하다 희생당한 것이다. 훗날 이 모녀의 넋을 달래고자 4·3평화공원에 조형물을 세웠다. 총에 맞아 무릎을 꿇은 엄마가 두 살 난 젖먹이 딸을 안고 있는 모습이다. 그 조각상의 이름은 '비설'. 그 주위는 달팽이 무늬처럼 제주 돌담을 쌓았다. 거친오름을 넘어 온 거친 바람이 돌담에 부딪혀 흩어지거나 돌담을 둘러 돌아나간다.

제주도의 오름들은 다 사연을 품고 있다. 오름 아랫마을 사람들은 오름에 의지해 살아왔다. 난리가 나면 오름에 연기를 피워 소식을 알렸고, 오름에서 산나물을 캤고, 오름에서 땔감을 구했다. 오르기 거칠지도 않은데 거친오름이라 한 작명에 거칠게 살아온 제주 사람들의 마음이 담겨 있는 것 같아 숙연해진다.

02

삼성혈
제주의 시원을 찾아서

삼성혈은 용두암, 한림공원, 성산일출봉, 정방폭포 등과 함께 1980년대 제주 관광을 대표하는 명승지로 많이 알려졌다. 그 후 볼거리들이 다양하고 많아지면서 추천 장소로 꼽는 사람들이 많이 줄어들었지만, 삼성혈 소나무 숲은 변함없는 신비로움을 형성하고 있어서 최근 비경으로 꼽는 사람들이 다시 늘고 있다.

제주도에는 괸당 문화가 있다. '괸당'은 친족을 뜻하는 제주어다. 이 괸당은 가까운 친족만이 아니라 꽤 먼 친족도 물론이고, 혈족이 아니면서도 같은 마을에 오랫동안 살게 되면 형성되는 공동체이다. 이는 섬 문화의 한 특성으로 수눌음(이웃

끼리 서로 도와 일하는 풍속)을 하듯 협동하는 긍정적인 면도 있으나 괸당의 일이라면 덮어두고 옹호하는 역효과도 있어서 제주에서는 가장 강력한 정당(政黨)이 괸당이라는 말이 나올 정도다. 이처럼 제주도는 관계에 대한 연결망이 끈끈하게 조성되어 있는데, 이러한 괸당의 출발점을 삼성혈에서 찾을 수도 있겠다.

탐라의 시작

삼성혈은 탐라 개벽을 알리는 이야기가 전해오는 곳으로 신성한 땅이다. 이 섬에 사람이 하나도 없을 때 삼성(三姓) 고을라, 양을라, 부을라가 구멍에서 뿅 하고 나왔다. 비범하게 태어난 셋은 신선과 같은 모습으로 살았다. 그러던 어느 날 지금의 온평리 바닷가에 자줏빛 나무 상자가 파도에 밀려왔다. 그 목함을 열어보니 벽랑국의 세 공주와 소와 말, 곡식 씨앗이 있었다. 삼을라는 세 공주를 배필로 삼아 혼례를 올렸다. 그리고 화살을 쏘아 땅을 나누었다. 그 영향으로 현재 제주시는 일도동, 이도동, 삼도동으로 나뉘어 있다. 삼을라와 삼공주가 신혼 생활을 지냈던 혼인지는 여름이면 수국이 활짝 핀다.

해상무역국 탐라의 면모는 개국 이야기부터 개방적이다. 벽랑국은 전라남도 완도군에 위치한 섬 소랑도에 있던 나라다. 벽

삼성혈 탐라를 창시한 삼성(고을라, 양을라, 부을라)이 태어난 곳으로 여겨진다. 삼신인이 땅에 난 세 개의 구멍에서 솟았다고 하여 탐라국의 발상지로 알려져 있다.

랑국이 탐라에 농경, 직조 기술, 국가 조직을 전해주었다. 제주도는 처음부터 이주민과의 만남으로 형성되었다. 제주민란과 4·3 등 험난한 세월을 겪으면서 '육지것'이라는 말이 나오긴 했지만, 제주도 사람들은 태생적으로 다른 지역에서 들어온 사람들과의 결합을 이루며 살아왔다. 텃세처럼 타지역 사람을 배척하는 문화가 있다는 것만으로 인식하기보다, 그들의 경계하는 태도를 이해하고 서로 어울리면 정 많은 마음을 느끼게 하는 사람들이 제주도 토박이들이다. 나는 제주도 토박이이지만, 입도 시조가 조선 초기에 제주로 들어왔으니 엄밀히 따지면 나 역시 이주민인 셈이다.

삼성혈에서 고을라, 양을라, 부을라가 태어난 이야기는 삼성신화라 말한다. 제주도에는 천지왕의 아들 대별왕과 소별왕 이야기로 천지창조 설화가 있으며, 삼성 신화는 탐라의 건국신화로 받들여진다. 삼을라가 벽랑국의 세 공주를 맞이한 것은 가락국의 김수로왕이 아유타국(인도 북쪽에 있던 고대국가)의 허황옥을 아내로 맞이한 것과 비교된다.

이곳에는 유교 사적 건물들이 있다. 삼성전은 삼을라 위패가 봉안된 곳이다. 유교 국가인 조선은 탐라의 시조를 모시는 삼성혈에서 제를 지내는 것을 국제로 봉향하도록 하교했다. 삼성사 편액은 정조가 친히 하사했다. 일 년에 한 번 초헌관을 도

삼성전 삼을라의 위패가 봉안된 곳으로, 1698년 건립하였다. 매년 봄과 가을에 이곳에서 춘추대제를 지내는데, 언제든 분향을 할 수 있도록 입구(삼성문)에 향로와 향이 준비돼 있다.

지사로 해서 해마다 건시대제를 지내고, 봄과 가을에는 춘추대
제를 지낸다.

  삼성혈에도 돌하르방이 있다. 돌하르방은 액운을 막는 역할
을 하기에 삼성혈에 있는 모습이 잘 어울린다. 옥중석이라 불리
기도 했던 돌하르방은 기록에 의하면 1754년(영조 30년) 김몽규
제주목사가 세웠다고 하지만, 그 이전부터 있었던 것으로 추정
된다. 돌하르방 같은 거석 문화는 태평양에 있는 섬 국가의 특
징이기도 하다. 좀 멀리 가면 이스터섬의 모아이가 있다.

성역이 간직해온 비밀의 정원

삼성혈은 아주 오랫동안 성역화되어 있어서 숲은 숭고한 기운
이 흐른다. 그곳을 걷노라면 수천 년의 시간이 흘러간다. 비
오는 날 걸으면 비 오는 날의 근사한 풍경을 느낄 수 있다. 태
초의 신비로움을 품고 있는 그곳은 비범한 기운을 내고 있는
비밀의 정원이다.

  봄에는 입구부터 벚꽃이 핀 걸 볼 수 있다. 도심 한가운데
삼성혈이 있기에 의외의 숲을 만나는 기분이 묘하다. 초여름
에는 연두색 나뭇잎이 햇빛에 빛나 반짝거린다. 고목에서 돋
은 여린 나뭇잎들이 하늘을 덮고 있는 그 길을 걸으면 수천 년
전으로 시간 여행을 가는 느낌이 들 것이다. 고풍스러운 건

물, 돌담, 초록 잔디, 푸르른 나무 등이 어우러진 정원이다. 탐라가 시작된 이야기의 비밀을 품은 신비의 정원이다.

삼을라 삼형제는 누가 맏이인지 기록마다 다르다. 그런데 제주도에서는 언제부터였는지 고·양·부 순으로 말하는 게 굳어졌다. 세 성씨 중에서 고씨가 가장 많은 점이 우위를 차지한 요인이 된 걸까. 삼성혈을 관리하는 삼성사재단에서 정식 명칭을 '삼성시조제사재단'에서 '고·양·부 삼성사재단'으로 이름을 바꾸자 세 성씨 중에서 고씨가 맨 앞에 있는 것에 양씨 종친회에서 이의를 제기했다. 양씨 종친회는 『고려사』와 『탐라기년』 등지에 '양·고·부' 순으로 되어 있는 것을 근거 삼았다. 이 일은 소송으로 이어져 법원까지 가게 되었다. 『영주지』와 『탐라지』에는 '고·양·부'로 기록되어 있어서 또 논란이 되었다. 결국 법원은 재단의 손을 들어주었다. 이러한 다툼은 조선시대에도 있었다. 그때는 고씨 종친회에서 이의를 제기했다. 고씨 종친회에서 여러 문헌에 '양·고·부'로 기재되어 있는 것에 수정을 가하면서 다툼이 있었다고 한다.

중요한 날엔 빠지지 않던 고기국수

삼성혈에서 나와 동쪽으로 가면 국수거리가 있다. 제주 돼지고기를 듬뿍 넣은 고기국수를 맛볼 수 있다. 제주 고기국수는

고기국수 흑돼지를 고아낸 육수에 돼지고기 수육을 고명으로 얹어 먹는 고기국수는 깊은 맛이 일품인 제주 음식이다. 삼성혈 인근에는 국수거리가 조성돼 다양한 손맛의 고기국수를 맛볼 수 있다.

흑돼지를 고아낸 육수에 돼지고기 수육을 고명으로 올려놓는다. 돼지고기는 제주도에서 거의 모든 의례에 사용할 정도로 중요한 음식이다. 무속의 제의에도 돼지고기가 쓰이며, 마을에서 기념할 날이 되면 돼지를 추렴해 마을 사람들 모두가 나눠 먹는다. 고기국수의 진한 국물은 제주어 '베지근하다'(고기 따위를 끓인 국물 같은 것이 깊은 맛이 있다)로 표현하는 게 적절하다.

제주도에서는 잔칫날이나 장례식장에서 고기국수를 먹었다. 육지에서는 잔치국수가 있지만, 제주도 식당에서는 잔치국수를 거의 찾을 수 없다. 잔칫날에도 고기국수를 먹었다.

지금은 서귀포에 상례 때 고기국수를 먹는 음식 문화가 남아 있다. 제주도 음식 문화 중 유명한 또 하나는 해장으로 고기국수를 먹는 음주 문화다. 1차, 2차 술을 마시고 마지막은 으레 국숫집으로 간다. 그것은 귀소본능을 닮았다. 취객들은 집으로 가기 전 마지막 코스로 따뜻한 고기국수를 먹어야만 그제야 만족한 얼굴로 귀가를 한다. 자정 무렵 국수거리 식당에는 사람들이 많다.

제주시 국수거리에서는 매달 11일을 국수데이로 정했다. 이날엔 국수 가격을 할인해준다. 국수를 먹고 배가 부르면 근처 제주민속자연사박물관에 가서 관람하거나 그 뒤편 신산공원을 좀 걸어도 좋다. 신산공원은 타임캡슐을 매설해 놓은 시민 공원이다.

03

용두암
화산섬의 돌과 물

제주시 용담동에 있는 용연은 조선시대에도 명승지였다. 서 귀포시 하효동에 있는 쇠소깍처럼 물이 맑고 푸르다. 용연구 름다리를 지나면 용두암이 있다. 제주도 화산 활동의 극치를 보여주는 자연 풍광이다.

제주의 돌은 현무암이다. 돌에 구멍이 숭숭 나 있다. 이 돌 로 돌하르방도 만들고, 밭담도 쌓는다. 밭담이 큰바람에도 잘 쓰러지지 않는 건 현무암이라서 가능하다. 바람길을 내주기 때문에 제주의 강한 바람에도 끄떡하지 않는다.

돌챙이(석공)들은 돌담이 완성되면 좌우로 흔들어본다고 한다. 유연성이 곧 강인함이다. 제주에 밭담이 형성된 건 척

용연 용담동을 가로지르는 한천이 바다와 만나는 곳에 있는 작은 연못. 기암 계곡이 품은 경치가 아름다워 영주십경 중 하나인 용연야범으로 유명하다. 조선시대에 선비들이 풍류를 즐겼다고도 알려졌다.

박한 땅에서 농사를 지으면서 생긴 농업 문화이다. 이러한 밭 담은 유엔식량농업기구가 선정한 세계중요농업유산으로 등 재되었다. 밭담을 연결하면 수만km는 족히 넘을 것이다. 오 랜 세월 제주의 땅 사이를 구불구불 흘러가는 이 모습을 사람 들은 흑룡만리라 부른다.

제주의 돌

1980년대에는 제주에 돌집이 흔했다. 집 벽을 현무암으로 쌓 아 만들었다. 돌을 쌓고 흙과 보리 짚을 섞어 발랐다. 하지만 다른 공법이 도입되면서 이제는 그런 돌집을 짓지 않는다. 감 귤창고가 그런 돌집의 모양으로 남아있는 경우가 있지만, 일 반 가정집은 이제 돌로 지은 집은 보기 드물다. 요즘은 민박집 이나 카페로 이용되는 돌집도 있다.

제주시 산지천에는 조천석이 있다. 조천석은 홍수의 재앙 을 막아주기를 바라는 돌이다. 제주성 옆을 흐르는 산지천은 자주 범람을 했다. 그래서 경천암 위에 조천석을 세워 비로 인 한 재앙을 막아달라고 기원했다. '경천'이란 하늘을 받친다는 뜻이다. 경천암 밑 부분에는 조선시대 김정 제주목사가 지주 암이라고 음각을 해놓았다. '지주'는 황하강에 있는 산으로 어 떤 홍수에도 움직이지 않는다는 이야기에 착안해 이름을 그렇

조천석(위)과 제주 돌담(아래) 제주 시내를 통과하는 산지천에 세운 조천석은 홍수를 막고자 제를 올리던 신앙석이다. 제주에서는 돌집 주변으로 돌담을 쌓아 바람을 막았는데, 거친 바람이 담을 흔들지 않도록 현무암을 얼기설기 쌓아 일부러 바람구멍을 내었다.

게 지었다. 하지만 산지천 복개 공사와 복원 공사를 거듭하면서 경천암과 지주암의 글자는 훼손되어 알아보기 어렵다. 산지천이 복개되었을 때는 제주대학교 박물관에 소장되었다가 다시 원래 위치로 돌아왔다.

예전에 제주 마을에는 듬돌이 놓여있었다. 아이가 어른이 되면 듬돌을 들어보는 것으로 자신의 힘을 과시했다. 요즘도 제주도에서 마을 축제가 열리면 듬돌 들기를 한다. 듬돌은 주로 사람 왕래가 잦은 마을 어귀에 놓았다. 장정들은 평소에도 힘겨루기를 했다. 큰 돌을 마을 입구에 놓고서 그 마을에 힘이 센 장사가 있으니 다른 마을 사람들이 함부로 하지 못하게 하는 분위기도 만들었다. 하지만 이제는 마을에서 듬돌들은 거의 다 사라졌다.

제주에서 비석을 세우려면 어려움이 있었다. 제주에는 비석을 세울 때 흔히 쓰는 화강암이 없었기 때문에 주로 조면암 계열이나 단단한 현무암을 사용해 만들었다. 마을회관에는 으레 공덕비를 세웠다. 마을의 발전을 위해 공을 세운 사람들을 기리는 비석들이 많다.

한반도에도 고인돌이 많은데, 제주도에도 고인돌이 꽤 있다. 제주도의 고인돌들은 대개 청동기시대 후기 또는 초기 철기시대에 형성된 것으로 본다. 용담동을 중심으로 섬의 서북부 바닷가 마을에 분포하는데, 제주도 바닷가 전역에 있었던 것으로 보인다. 용담동에 있는 먹돌세기 일대에 고대 마을이 있었던 것으로 추측한다. 용담동 곳곳에 고인돌이 있으니 이 고인돌을 찾아다니는 동네 여행도 좋겠다. 가파도에도 고인돌이 있다. 꽤 많은 수가 남아있지만, 이것도 많이 사라진 후가 아닐까. 현무암은 깨지기 쉬운 데다, 산업화가 이루어지면서 많이 훼손되었을 것이다. 제주사대부설고등학교 교문을 지나 왼쪽 울타리 쪽에도 고인돌이 있다.

제주의 고인돌은 육지의 고인돌과 조금 다른 모양이다. 고임돌을 빙 둘러 세우고, 그 위에 덮개돌을 놓는 방식이다. 고인돌에는 선사시대 사람들의 마음이 담겨있는데 바로 성혈이다. 고인돌에 있는 구멍을 성혈이라고 한다. 이 성혈은 수십 개, 수백 개에 이르는 경우도 있다. 마치 밤하늘의 별 같다. 이 구멍에 음식을 올려놓고 기도를 했을 것이다.

돌에 부딪치는 파도

용두암 가는 길에 용연이 있다. 용담동을 가로지르는 하천이 한천인데, 이 한천의 하류에 용연이 있다. 용연은 영주십경 중 하나인 용연야범의 장소다. 조선시대에는 방선문과 함께 선비들이 놀던 곳이다. 제주목관아와 가까운 곳이니 관리들이 퇴근해서 이곳에 모여 뱃놀이를 했으리라. 이러한 모습을 취병담, 선유담이라 미화하면서 풍류를 즐겼다. 지금은 구름다리가 있어서 그럴싸해 보인다. 이곳에서 선상음악회가 열리기도 한다.

용두암은 한때 제주 여행의 첫 번째 코스로 시대를 풍미했던 관광지다. 수학여행이나 신혼여행을 제주도로 왔다면 꼭 들르는 곳이었다. 지금은 제주도에 볼거리가 많아 예전의 명성이 조금은 옅어졌다. 더욱이 태풍으로 말미암아 일부분이 떨어져 나갔다. 하지만 용두암은 제주도가 화산섬이라는 걸 확실하게 보여주는 바위다. 용암이 흐르다 공중에서 멈춰 굳어버렸다. 모습이 용머리를 닮아서 용두암이 되었다. 예전에는 수학여행을 온 학생들이 단체로 용두암 위에 올라가 사진을 찍기도 했다. 태풍이 불 때는 파도와 용두암이 서로 싸우는 모습처럼 보인다. 집채만 한 파도가 쳐도 용이 머리를 세워 굳건하게 버틴다.

용두암은 낮과 밤의 풍경이 사뭇 다르다. 낮엔 맑은 바다와 어우러진 모습이 선명한 빛깔을 자아내고, 날이 저물거나 밝아올 때는 용두암에 그림자가 져서 수묵화를 보는 느낌이다. 해 질 녘에 용두암에서 서쪽으로 이어지는 용담해안도로 쪽으로 운동 삼아 산책하는 시민들이 많다. 약간만 걸으면 공

용두암 용암이 흐르다 공중에서 멈춰 굳어버린 모습이 용머리를 닮았다 하여 이름 붙여졌다. 손꼽히는 제주 관광지로, 기암절벽에 하얗게 거품을 내며 부딪치는 파도가 어우러져 절경을 선물한다.

항이 나온다. 내친김에 해안 따라 더 걸어가면 도두봉이 나온다. 섬의 머리를 뜻하는 도두봉은 쉽게 오를 수 있다. 높이 오르지 않은 것 같은데, 제주 시내 풍경이 한눈에 들어온다.

용두암 옆 바닷가에서는 해녀들이 해산물 한 접시를 판다. 서귀포 정방폭포에서도 볼 수 있는 모습인데, 갓 잡은 해삼, 멍게, 문어 등을 신선한 맛으로 먹을 수 있다. 물론 한라산 소주와 함께. 제주도에서는 한라산 소주 알코올 17도와 21도를 17년산과 21년산이라 부르고, 냉장고가 아닌 실온에 있는 소주를 '노지 소주'라 부른다. 신선한 해산물에 더한 맛은 어떤 것이든 좋다. 막걸리를 좋아하는 사람들은 제주 막걸리의 시원한 맛에 쉽사리 빠진다.

제주도 바닷가 마을들은 용천수를 중심으로 형성된 경우가 많다. 용담동에는 몰래물이 있다. 몰래물은 이곳 마을의 이름이기도 했는데, 제주국제공항 확장공사로 말미암아 마을이 사라졌다. 이 고향 마을을 그리워하는 사람들이 향우회를 만들고 정지용의 시 「고향」이 적힌 시비를 마을이 있던 바닷가에 세웠다.

만장굴

부종휴와 꼬마탐험대

제주도는 화산섬이라서 탐험할 곳이 많다. 용암동굴, 하천, 곶자왈 등 조사하려면 끝이 없는 곳이 이곳 제주도다. 강문규 한라산생태문화연구소 소장은 『백두산총서』가 잘 정리되어 있는 것에 자극을 받아 『한라산총서』를 기획했다고 한다. 제주학을 연구하기 위해서는 한라산에 올라야 한다. 한라산에 매료되어 한라산을 연구한 사람들이 있다. 그리고 그 시초에 부종휴가 있다.

부종휴는 만장굴을 탐험하면서 제주의 용암동굴을 세상에 알렸다. 부종휴 선생이 초등학생 제자들과 함께 만장굴을 탐험하기 전에는 만장굴을 아주 깊은 굴이라는 뜻의 만쟁이거머

만장굴 제주의 대표적인 용암동굴로 총 길이가 7.4㎞에 이른다. 1946년 초등학교 교사였던 부종휴 선생이 제자들과 함께 탐험하며 세상에 처음 알렸다.

리굴이라 불렀다. 출입구가 덤불로 뒤덮여있어서 마을 사람들도 들어가기 꺼렸던 곳인데, 1946년 부종휴와 꼬마탐험대가 동굴의 존재를 세상에 알린 것이다.

산이 좋아 산이 된 사람

만장굴을 얘기할 때 빼놓을 수 없는 인물이 부종휴다. 그가 만장굴의 가치를 세상에 알렸기에 만장굴이 제주의 대표적인 관광지가 될 수 있었다. 그의 호는 한산(漢山)이다. 한라산의 줄임말이다. 한라산을 사랑해서 호도 한라산으로 했다. 그는 어렸을 때부터 호기심이 많았다고 한다. 고향 마을에서 한라산을 바라보며 성장했고, 한라산이 그를 식물학자로 만들었다.

부종휴는 나비 박사 석주명, 사진가 홍정표 등과 함께 제주학의 선구자로 알려졌다. 만장굴, 빌레못동굴, 수산동굴, 미약굴 등 용암동굴을 탐사했고, 한라산에 수시로 올라 수백 여 종의 식물을 찾아 학회에 보고했다. 그는 한라산에서는 노루처럼 오르내리고, 동굴 속에서는 박쥐처럼 날아다녔다고 한다.

시간만 나면 한라산에 올랐다. 나중에는 교사직도 그만두고 한라산에 올랐다. 그는 제주도를 연구하다 보니 산악인, 탐험가, 식물학자, 사진가가 되었다. 책『한라산』,『폭낭』등을 낸 강정효 사진가도 비슷한 삶을 살고 있다. 제주를 연구하기 위해서는 산악인이 되어야 하고, 사진가가 되어야 하는 걸까. 이미 직업이 넘쳤던 부종휴는 한때 다방을 운영하기도 했다. 아마도 제주에 대한 연구를 발표하고, 의견을 나눌 자리가 필요했기 때문일 것이다. 1950년대에는 다방에서 세미나가 열리기도 했으니까.

왕벚나무의 원산지가 제주도라는 걸 밝혀냈고, 제주한란을 구분 지어 기록했다. 그는 빌레못동굴을 탐험하며 유물들이 발견되자 그에 관한 논문도 발표했다. 초등학교 교사라고 해서 못 할 게 없다 말하며 제주도에 관한 것이라면 다 연구했다.

평생 제주를 연구했지만, 학계에서는 그의 연구 성과를 이용하기만 했다. 그는 가난하게 살았다고 한다. 1980년 초겨울 새벽, 그는 평소 어울리던 산악인들과 술을 마시고 헤어진 뒤 비틀거리며 걷다가 쓰러졌다. 고혈압이 있었지만 건강관리를 제대로 하지 않았다. 그는 거리에서 차갑게 식어갔다. 쓰러진 그의 몸 위로 이른 눈이 내렸다. 그의 시신은 한라산이 잘 보이는 고향 마을에 묻혔다.

횃불을 든 꼬마탐험대

만장굴은 약 삼십만 년 전에 형성된 것으로 추정된다. 원래는 근처에 있는 김녕사굴과 연결되어 있었으나 천장이 붕괴되면서 나뉜 것으로 보인다. 현재 탐사를 통해 공개된 부분만 왕복하는 시간이 50분 정도 걸리는 아주 깊은 굴이다. 총길이가 7.4km에 이른다. 자동차가 다닐 수 있을 정도로 아주 넓은 구간도 있으며, 용암이 흐르면서 생긴 기이한 모습들을 볼 수 있다. 여름에 들어가면 서늘해서 더위를 잊을 수 있다.

부종휴의 고향은 만장굴과 가까운 제주시 구좌읍 세화리다. 부종휴의 선친 부종규는 의사였다. 세화리에서 양의원을 운영해 의료 환경이 열악한 제주도에서 인술을 펼쳐 훗날 그를 기리는 공로비가 마을에 세워졌다. 부종휴는 아버지의 영

부종휴와 꼬마탐험대 기념비 2016년 만장굴 발견 70주년을 기념해 만장굴 앞에 설치했다. 김시복 옹을 비롯해 꼬마탐험대였던 주인공 중 다섯이 제막식에 참가해 의미를 더했다.

향으로 생물 과목에 관심이 많았다고 한다. 그가 처음 한라산에 오른 건 열세 살 때였다. 누나와 함께 성널오름(성판악)에 있는 폭포에 물 맞으러 간 것이 처음이라고 한다.

부종휴가 식물에 심취하게 된 것은 진주사범학교 재학 시절 일본인 스승 요코야마를 만나면서다. 생물 담당 교수였던 그는 한국의 식물에 관한 지식을 갖고 있었는데, 부종휴가 제주도 출신이라는 걸 알고 그에게 식물 연구를 적극 권유했다. 제주도는 식물의 보고이기에 제주도 식물만 연구해도 세계적인 식물학자가 될 수 있다는 스승의 말을 따라 부종휴는 제주의 식물을 연구했다. 그는 한라산을 애인이라고 표현하며 한라산을 사랑했다. 한번 한라산에 오르면 칡뿌리와 열매로 연명하며 한라산에 머물렀다.

진주사범학교를 졸업한 부종휴는 약관의 나이에 김녕초등학교에 부임했다. 그는 그 학교에서 서른 명 정도의 학생들을 모으고 꼬마탐험대라 이름을 지었다. 담력이 좋은 아이들을 선두에 세우고, 힘이 좋은 아이들은 횃불용 기름을 들고 가는 보급반, 꼼꼼하게 필기를 하는 아이들은 측량반 등으로 역할을 분담했다. 놀라운 건 당시 측정한 수치와 지금의 수치가 큰 차이가 없다는 점이다.

꼬마탐험대 중 몇은 구순의 나이에 생존해 있다. 2016년 만장굴 탐험 70주년을 기념해 부종휴 선생을 기리는 조형물을 설치했다. 제막식 당시 꼬마탐험대였던 김시복, 김두전, 원장선, 홍재두 등이 참여했다. 이날 꼬마탐험대 중 김시복 옹은 바이올린 연주를 했다. 초등학생 때로 돌아간 듯 눈을 감고 음악을 들려줬다. 김두전 옹은 부종휴 선생을 그리워하며 송시를 읊었다.

만장굴을 사랑한 부종휴는 결혼식도 만장굴에서 올렸다. 지금은 만장굴 주변으로 '부종휴 만장길'이 조성되었다. 이 길은 김녕초등학교에서 출발해 만장굴까지 약 4.2km를 걷는 길이다. 부종휴 선생님과 꼬마탐험대가 걸은 그 길이다. 만장굴 내부에는 전등이 있지만, 그래도 대부분 어두컴컴하니 조심해야 한다. 바닥도 울퉁불퉁해서 주의하지 않으면 물웅덩이에 빠져 신발이 젖거나 넘어질 수 있다.

큰 구렁이가 살았던 굴

만장굴 근처에는 김녕사굴이 있다. 현재는 출입이 금지되어 있다. 원래는 만장굴과 하나였으나 중간에 천장이 무너지면서 갈라진 김녕사굴에는 전해오는 이야기가 있다. 옛날에 이 굴 안에 아주 큰 구렁이가 살고 있었다. 이 구렁이는 마을 사람들을 괴롭혔다. 해마다 열다섯 살 되는 소녀를 제물로 바치

지 않으면 폭풍우를 일으켰다. 1515년 제주판관으로 부임해 온 서련은 악습을 없애기 위해 제사를 지내는 척하면서 뱀이 나오는지 살폈다. 굴에서 큰 뱀이 나오자 창으로 찌르고 불에 태워 죽였다. 제를 지내던 심방이 서련에게 뒤를 돌아보지 말고 성안으로 돌아가라고 했는데, 붉은 비가 내린다는 누군가의 말에 뒤를 돌아보았다가 말에서 떨어져 열흘 동안 시름시름 앓다가 죽었다고 한다. 김녕사굴 입구에는 그를 기리는 사적비가 세워져 있다. 몇 해 전에 이곳의 이야기를 모티프로 한 영화가 만들어지기도 했다.

그런데 집에 있는 뱀은 함부로 죽이지 않는 문화가 제주에도 있었다. 이 뱀이 쥐를 잡아먹으니 농사를 짓는 사람들에게 도움이 되기에 그런 풍습이 생겼다는 말도 있다. 김정의 『제주풍토록』을 보면, "제주 사람들은 뱀을 몹시 두려워해 신으로 받들었다"라는 부분이 있다. 서귀포시 표선면 토산리는 뱀을 마을 신으로 모셨는데, 토산 여드렛당에는 뱀이 좌정해 있다. 토산리 여자는 결혼을 하면 뱀이 따라간다는 말이 퍼져 토산리 사람들은 이 이야기가 부정적으로 작용해 많이 힘들었다고 한다. 칠성로의 지명인 '칠성(七星)'을 별이 아닌 뱀으로 보는 견해도 있다. 이 뱀을 풍요의 신으로 여겨 고팡에는 안칠성을 두고, 마당에는 밧칠성을 모시는 집도 있었다.

05

제주항
흔들리는 풍경 너머로

양중해의 시 「떠나가는 배」가 가곡으로 불려져 유명해졌는데, 그 노랫말이 제주항 여객선터미널에 입구에 시비(詩碑)로 있다. 제주의 슬픈 이야기들을 묵묵히 바라봤을 제주항은 흔들리는 풍경의 진한 멀미로 우리에게 다가온다.

제주항은 1927년 7월에 개항했다. 제주성에 있던 돌들로 방파제를 쌓았다. 그 이전에는 1735년 제주목사 김정이 제주도 사람들의 부역으로 건설한 산지항의 모습이었다.

연안여객선으로 카페리호가 완도, 녹동, 목포, 여수 등을 오간다. 제주에서 목포로 가는 퀸메리호는 5시간 정도 걸리고, 제주에서 완도로 가는 실버클라우드호는 3시간 정도가 걸린다. 저가 항공이 생기면서 교통수단이 배에서 비행기로 많이 바뀌었지만, 여전히 많은 화물이 제주항으로 오간다.

탐라 때로 거슬러 올라가면 지금의 제주항 자리에 건입포가 있었다. 탐라는 해상무역국이었다. 바닷길 교역을 위해 건입포를 이용했던 것을 제주항의 형성 기원으로 볼 수 있겠다. 제주항 공사 중이던 1928년 중국 한대의 유물인 오수전, 화천, 대천오십, 화포 등의 화폐가 발견되기도 했다. 탐라가 국제적인 해상무역을 했음을 알 수 있는 흔적이다. 탐라의 왕은 성주라고 지칭했으며, 군장의 역할을 수행한 왕자가 있었다. 탐라가 고대국가로서의 뚜렷한 기록이 없는 점은 해상문화권 국가의 특징이기도 하다.

바다에 잠들다

제주항에서 하역 일을 끝낸 사람들이 물항식당에서 갈치조림에 밥을 먹는다. 몸에서 더운 김이 나온다. 항구 사람들은 항구에 의존해 살아간다. 제주항 근처에는 오래된 여관들이 많다. 여인숙도 꽤 있었지만, 거의 사라졌다. 그래도 건입동이나 용담동 골목길로 들어가면 낡은 여인숙이 몇 있다. 산지천은 제주항을 통해 바다로 흘러간다. 물은 오현단 동쪽 남수각에 있는 가락쿳물에서 시작되어, 건입포를 지나 바다로 흘러

일제 강제동원 노동자 상 강제동원 노동자들을 추모하기 위해 2017년 제주항 연안여객터미널 앞에 세워졌다. 제주항은 일제강점기 때 징용과 징병을 떠나는 통한의 장소였다.

가는데 산의 바닥에서도 물이 시작된다고 해서 산저(山低)라 했던 게 산지(山地)로 바뀌었다. 가락쿳물은 가뭄에도 잘 마르지 않아 제주성 동문 부근 산지촌 사람들의 중요한 식수였다.

제주항으로 이어지는 물줄기인 만큼 산지천은 물류도 많이 드나들었다. 이를 증명하듯 근처에 거상 김만덕의 객주 터가 있다. 조선시대에는 배가 산지천 안쪽까지 들어왔다. 김만덕의 배도 산지천을 통해 이곳까지 들어왔을 것이다. 물류를 통해 제주도 사람들을 구제한 김만덕은 의녀반수라는 명예를 얻었다.

많은 물건이 오간 제주항은 다양한 사람의 이야기를 품은 곳이기도 하다. 지금은 거의 사라지고 없지만, 한때 제주항 바다로 흐르는 산지천 주변에는 유곽이 즐비했었다. 해방을 맞이했을 때와 6·25전쟁이 발발했을 때 많은 사람들이 제주항으로 들어왔고, 일제강점기 때는 징용과 징병을 떠나는 곳이기도 했다. 당시 제주항을 떠나 오사카를 오가던 배 군대환(기미가요마루)에는 늘 슬픔이 담겨 있었다. 재일 감독의 영화 '피와 뼈'(최양일 감독)는 일제강점기에 이 배에 몸을 실은 한 청년의 이야기를 그려낸다. 쌓인 이야기가 많아 여러 예술작품의 배경이 되기도 하는 제주항의 이야기는 소설가 오경훈의 연작소설 『제주항』을 통해 접할 수 있다.

별도봉에서 바라본 제주항 전경 제주항 전경이 한눈에 내려다보이는 별도봉은 제주 시내에 있는 대표적인 오름이다. 오래전부터 제주의 관문 역할을 했던 제주항에는 다양한 사람 이야기가 있다.

제주항의 역사에는 지독한 슬픔이 있다. 4·3 당시 제주항에서 죄 없는 제주도 사람들이 무수히 수장되었고, 2014년 4월 16일에는 세월호가 입항하지 못했다.

제주항과 산지등대 사이에는 동양척식주식회사의 주정공장 터가 있다. 주정은 고구마를 원료로 만든 고농축 알코올을 말한다. 1934년 일제에 의해 설립돼 해방 후까지 중요 산업시설 역할을 맡았던 이곳은 4·3 당시 많은 사람들을 수용했던 곳이다. 육지 형무소로 끌려가기 전에 머물던 곳인데, 형무소로도 가지 못한 채 바다에 수장된 사람들이 많았다. 그 넋을 위로하고자 제주민예총이 4·3문화예술축전을 계획했고 2014년 4월 19일 산지항 방파제에서 해원 상생굿을 열었다. 그날은 인천에서 제주로 향하던 세월호가 침몰한 지 사흘 뒤였다. 4·3 희생자뿐만 아니라 학생들의 푸른 꿈이 수장된 슬픔을 위무하는 자리가 되었다. 김수열 시인은 그 자리에서 시 「물에서 온 편지」를 낭독했다.

죽어서 내가 사는 여긴 번지가 없고
살아서 네가 있는 거긴 지번을 몰라
물결 따라 바람결 따라 몇 자 적어 보낸다
김수열 - 「물에서 온 편지」 중에서

바람의 신 영등할망

제주항에서 산지등대 쪽으로 이동하면 별도봉이 나온다. 별도봉에 오르면 제주항이 한눈에 내려다보인다. 별도봉 옆에는 사라봉이 있다. 사라봉은 영주십경 중 사봉낙조(사라봉의 일몰)로 알려진 곳이다. 별도봉은 꼭대기로 오를수록 바다와 가까워지는 느낌이 드는 산이다. 오름이 아니라 봉이라 붙인 까닭은 봉수대가 있어서 그렇다는 말이 있다. 4·3 당시 가장 먼저 봉화가 오른 곳이 별도봉이다. 이 별도봉에 영등할망에게 제를 올리는 칠머리당이 있다.

제주설화 중에 영등할망 이야기가 있다. 영등할망은 음력 2월 초하루에 제주의 서쪽 한림읍 귀덕리 복덕개로 들어와 2월 보름에 제주의 동쪽 우도로 빠져나간다. 영등할망은 바람의 여신이다.

영등할망이 제주 서쪽에서 동쪽으로 지나는 동안 별도봉에 있는 칠머리당에서는 영등굿을 지낸다. 이 기간에 마을 사람들이 지키는 규칙이 하나 있다. 영등할망이 섬에 들어온 동안에는 조업을 하지 않는다는 것. 진짜 배를 항구에 묶어둔 사람들은 짚으로 만든 모형 배를 바다에 띄워 보내며 무사 안녕을 기원하는 제를 올린다.

영등 기간은 봄인데 비바람이 이는 날씨가 잦다. 바람이

잔잔하게 불면 영등할망이 딸을 데리고 왔다고 여기고, 비바람이 거세면 영등할망이 며느리를 데리고 온 거라는 말이 전해온다. 영등할망은 섬으로 들어오면서 보말(고둥)을 까먹는데, 실제 이 시기에 보말들은 속이 다 비어있다. 제주에 들어온 영등할망은 제주 바다 곳곳에 미역, 전복, 소라 등의 해산물을 뿌려놓는다. 이 기간의 날씨를 통해 한 해의 운세를 점치기도 한다. 칠머리당 영등굿은 세계무형유산으로 지정되었다.

06

산지등대
제주의 불빛을 찾아가는 길

산지등대는 1916년 불을 밝혔다. 이제 백 년이 넘은 이 등대
는 등대문화유산으로 지정되어 있다. 멀리 50km 가까이 불빛
을 비춘다. 베롱베롱(아롱아롱) 빛나는 등대 불빛을 보며 바다
에서 일하는 사람들은 안심했을 것이다.

산지등대는 제주시 우당도서관에서 별도봉 너머 바다 쪽
으로 가다 보면 만날 수 있다. 그래선지 별도봉을 찾은 사람들
이 산지등대까지 걷는 산책을 많이 한다. 밤에는 제주항의 야
경이 좋아 데이트 코스로도 알려졌다.

산지등대로 가는 길에는 잎 넓은 나뭇잎들이 많다. 아열대
나무 느낌의 나무들이 별도봉 기슭에서 자란다. 그늘이 드리

워진 길을 걸으면 조금 무섭기도 하다. 근처에 애기업은바위가 있고, 그 아래 낭떠러지를 내려다보면 아찔하다. 팔손이나 무가 군락을 이루고 있는 길을 지나면 경사가 져 산을 오르는 느낌인데 점점 바다와 가까워진다. 숲길을 지나 바다가 보이기 시작하면서 눈앞에 등대가 나타난다.

마음의 등대

제주항은 점점 넓어져, 산지등대를 지나 화북1동 바다까지 외항이 형성되어 있다. 등대를 보면 마음이 너그러워지는 것 같다. 밤바다를 항해하다 등대 불빛을 봤을 때도 그런 마음이겠지. 등대는 손자를 귀여워해주는 할아버지처럼 그곳에서 그렇게 바다를 지키고 있다.

동요 「등대지기」의 영향일까. 많은 사람들이 어렸을 때부터 등대를 동경한다. 등대지기는 수도승 같은 느낌이다. 거룩한 일을 묵묵히 수행하는 등대지기. 그런 삶을 왜 동경한 것인지, 그런 외로움을 왜 선망했는지 알 수 없지만 고독이라는 낱말이 꽤 묵직하게 다가오는 시기에 우리는 등대를 떠올린다.

어쩌면 등대는 꿈의 감각이다. 안개와 같은 꿈속에서 눈이 되어주는 등대. 등대 주변이 놀이터였다. 제주시 화북동 아이들에게 등대는 산지등대로 각인되었다. 섬에서 태어난 아이

산지등대의 낮과 밤 1916년 첫 불을 밝혔다. 푸른 바다와 어우러진 하얀 등대의 그림 같은 풍경으로 많은 관광객을 불러 모으고 있으며, 제주항 불빛과 어우러진 야경 또한 아름다워 밤 데이트 코스로도 사랑받고 있다.

들은 산지등대 옆에 앉아 바다를 바라보며 미래를 생각한다. 미래는 수평선 너머에 있는 것 같고, 알 수 없는 세계에 대한 두려움과 막막함이 우리를 사로잡는다. 넋 나간 사람처럼 산지등대 앞에 앉아 바다를 바라보면 『신밧드의 모험』에 나올 법한 큰 배가 눈앞에 희미하게 모습을 드러내곤 한다. 그러면 우리는 그 배를 타고 아주 먼 바다를 항해하는 상상을 한다.

제주항이 내려다보이는 별도봉 기슭에 있는 산지등대가 세워진 건 1916년이다. 그러니 벌써 백 년이 넘었다. 지금은 등대의 기능을 발휘하지 못하고 요양 중이다. 대신 1999년에 그 옆에 세워진 아들 등대가 아버지 등대의 임무를 이어 수행 중이다.

산지등대의 등탑은 백색 원형콘크리트 구조로 전형적인 등대의 모습이다. 높이는 18m로, 현재는 순수 국내 기술로 개발한 고광력 회전식 대형등명기를 사용하고 있다. 불빛은 15초에 한 번씩 반짝이며 그 빛은 48km 떨어진 곳까지 도달한다. 바다가 보이는 낭떠러지 위에 세워진 등대의 모습은 한 폭의 풍경화를 보는 것 같다.

산지등대는 관광지로 많이 알려지지 않았지만 찾는 사람들이 꽤 있다. 등대를 찾아가는 길은 두 가지가 있다. 제주항에서 올라가는 길과 우당도서관을 지나 별도봉을 돌아 등대를 찾아가는 길이다. 둘 다 등대가 나올 거라는 걸 예상 못 하게 하는 길이라서 등대가 나오면 비경을 찾은 느낌이 든다. 제주항에서 올라가는 길은 산 중턱을 차로 올라가는 길이고, 별도봉을 돌아가는 길은 산속으로 들어가는 기분이 들게 하기에 '둘 다 등대가 어디에 있다는 거지' 하는 생각이 들 때 눈앞에 나타난다. 등대를 좋아하는 사람들이 이렇게 많구나, 하는 생각이 들 정도로 꽤 많은 사람들이 산지등대 앞에서 사진을 찍는다.

소풍 가는 길

별도봉은 제주도가 고향인 사람들에게는 초등학생 시절 소풍 장소로 기억되는 곳이다. 잔디밭에 둘러앉아 수건돌리기도 하고, 장기자랑도 했다. 그리고 나무 그늘에 돗자리를 깔고 앉아 김밥을 먹었다.

　매번 소풍을 별도봉으로 가는 것에 아이들의 불만이 많아지면 소풍 장소를 원당봉으로 정했다. 조삼모사인 줄도 모른 채 아이들은 소풍을 갔다. 별도봉이 학교의 최다 소풍장소로 꼽힌 것은 별도봉이 다른 오름들에 비해 제주시에서 가까운 곳에 있기 때문이다. 별도봉 아래에는 제주교대부설초등학교, 오현중학교, 오현고등학교가 있다.

별도봉 제주 시내에 자리해 제주 북쪽에 자리한 여러 학교의 단골 소풍 장소였으며, 산책 공원이 조성돼 많은 시민이 찾는다. 4·3 당시 가장 먼저 봉화를 올린 곳이 이곳 봉수대다.

시내와 가까워 지금은 산책 공원으로 조성되었다. 이름도 기막히게 '장수산책로'라 붙여서, 많은 시민들이 장수를 꿈꾸며 별도봉 둘레길을 걷는다. 장수산책로에는 산딸기가 아주 많다. 초여름이면 지천에 난다. 이 산딸기를 따러 별도봉을 찾는 사람들이 있을 정도다. 삼동(상동나무 열매)과 함께 산딸기는 지난 시절 간식이기도 했다.

지금은 누구나 편히 찾는 시민들의 공원이지만 별도봉 역시 역사의 아픔이 서려 있는 곳이다. 일제강점기에 진지동굴을 파놓았다. 그리고 1948년 4월 3일 새벽 별도봉에 봉화가 올랐다. 제주는 왜적이 침입하거나 난리가 났을 때 봉수대에 봉화를 올렸는데 별도봉에도 봉수대가 있었다. 별도봉에 봉화가 오른 것을 시작으로 제주도 전역에 봉화가 올랐다. 별도봉에 봉화를 올린 인민유격대는 화북지서를 공격했다. 1947년 3·1절 발포 사건 이후 자행된 국가 권력의 탄압에 대한 저항으로 이루어진 4·3은 그렇게 별도봉을 붉게 물들이면서 시작되었다.

제주의 불빛 도대불

제주의 옛 이름은 탐라였다. 섬나라였던 탐라는 일찍이 해상 무역을 시작했다. 그러니 포구와 등대는 제주의 역사를 담고 있다. 제주도에는 산지등대와 같은 현대식 등대가 세워지기 전에 도대불이 등대 역할을 수행했다.

　도대불의 어원은 몇 가지 설이 있다. 돛대처럼 높이 켠 불이라는 뜻의 돛대불에서 유래했다는 설, 길을 밝혀서 이름이 그렇다는 설, 등대의 일본어인 도다이에서 전해졌다는 설 등이다. 아무튼 현대식 등대에 비해 야트막한 등대인 도대불은 현무암으로 만들어졌고, 소박한 맛이 있다. 제주항에서 산지

도대불 등명대라고도 불리는 도대불은 근대식 제주형 등대다. 첨성대를 닮은 모습으로, 어선이 귀가할 수 있도록 등피와 호롱불 등을 사용해 제주의 밤을 밝혔다.

등대로 올라가는 길에도 도대불이 있다.

산지등대 이전에는 도대불이 불을 밝혔을 것이다. 도대불은 등명대라고도 하는데, 근대식 제주형 등대다. 우리나라 최초의 서양식 등대는 고종 때인 1903년 세운 인천 팔미도 등대인데, 제주의 도대불들은 대부분 그 이후에 축조되었다. 바다에 나가 일을 하는 어선이 안전하게 귀가할 수 있도록 불을 밝히기 위해 돌담을 쌓듯 돌을 쌓은 마을 사람들의 마음이 정성스럽다.

도대불의 모양은 첨성대를 닮았다. 크기는 작지만 이 작은 불빛 하나에 의지해 배는 포구로 돌아왔을 것이다. 불은 대개 송진을 묻힌 솔칵(관솔), 생선 기름 또는 석유를 담은 등피, 호롱불 등을 사용했다. 등대지기를 두기도 했으나 어부가 해 질 무렵에 뱃일 나갈 때 불을 밝혔다가 끝에 들어온 어부가 불을 끄는 경우도 있었다고 한다. 도대불은 제주의 밤바다를 밝혔다. 제주의 불빛이었다.

07

동문시장

제주에서 가장 오래된 시장과 과거로의 여행

일제강점기에는 관덕정 앞 광장에서 시장이 열렸다. 제주도에는 섬 여러 군데에서 오일장이 열린다. 최근에는 세화리에서 열린 벨롱장에서 예술적 감각의 상품들이 눈길을 끌었다. 제주시에는 동문시장과 서문시장이 있다. 두 상설시장이 제주성의 동문과 서문의 길목에서 자연스럽게 형성되었다. 제주도에서 활동하는 양혜영 소설가는 서문시장에 있는 서문방앗간에서 태어났다. 시장에 가면 제주의 삶을 느낄 수 있다.

　제주도에는 이렇다 할 백화점이 없다. 작은 규모의 백화점이 들어선 적도 있지만, 대기업의 백화점은 없다. 이마트가 제주시에 들어선다고 했을 때 재래시장에서는 반대 시위를 할

동문시장 아케이드 제주성 동문에 위치한 이곳은 제주도에서 가장 오래된 시장으로 여전히 많은 관광객이 찾고 있다. 마트 입점과 화재 등으로 위기를 맞았던 동문시장은 아케이드 상가로 새 단장을 하는 등 경쟁력을 갖추기 위해 꾸준히 노력하고 있다.

정도로 반기를 들었다. 제주의 경제는 상설시장에서 순환되고 있다고 해도 과언이 아닐 정도로 시장이 그 중심에 있다.

이마트가 들어선 뒤 잠시 휘청거렸던 제주 동문시장은 다시 사람들로 북적인다. 몇몇 가게는 사람들이 줄을 선다. 여러 번의 화재로 우여곡절을 겪은 뒤 아케이드 상가로 새 단장을 하고, 야시장도 마련하는 등 자구책을 마련해왔다. 동문시장에 가서 물건을 사면 사람 사는 이야기를 덤으로 받을 수 있다.

동문시장에 가면

제주시에는 동문시장과 서문시장이 있다. 둘 다 상설시장인데, 제주성의 동문과 서문에 위치해서 붙여진 이름이다. 동문시장은 1945년 해방을 맞이하면서 근대식 시장으로 문을 열었다. 제주도에서 가장 오래된 상설시장이다. 제주시 제주항으로 이어지는 산지천 일대는 조선시대에도 상업이 성행했던 곳이다. 거상 김만덕도 이 부근에서 객주를 운영했다. 지금은 김만덕 기념관이 옛날 큰 상인의 위용을 보여주듯 웅장하게 세워졌다.

동문시장은 과일, 생선, 토산품, 식당, 생필품 등 구역이 품목별로 나누어져 있어서 장보기 편리하다. 입구와 출구가 여럿일 정도로 볼거리가 많다. 과일 중에서는 귤을 파는 가게가 당연히 가장 많다. 온주밀감뿐만 아니라 한라봉, 레드향, 천혜향 등 다양한 귤이 있다. 생선은 옥돔, 갈치, 자리 등이 대표적이다. 떡볶이 가게는 사람들이 줄을 서며, 오메기떡과 감귤 초콜릿은 여행객들의 기념 선물로 인기가 높다. 귤이나 생선을 택배로 보내려는 손님들이 상품들을 살핀다.

동쪽의 로터리 쪽 입구로 들어가면 호떡 가게들이 가장 먼저 눈에 띈다. 호떡도 맛있지만 심심한 맛이 일품인 빙떡도 묘한 매력이 있다. 빙떡은 메밀가루 반죽에 무를 소로 넣어 만든 떡이다. 빙빙 돌려 만들어서 빙떡이라는 이름이 붙은 것 같다. 빙떡 레시피는 박순동의 노래 「빙떡」을 들으면 금방 알 수 있다.

놈삐 좀질게 썰엉 숢앙 패마농이영 꿰고루 낭 섞엉
모멀가루 풀엉 얄롭게 지정 그 우터레 낭 몰민 빙떡
이주게

가사 그대로 무를 잘게 썰어서 삶고, 쪽파와 볶은 참깨를 함께 놓아 버무려서, 메밀가루를 물에 풀어서 얇게 지지고, 그 위에 넣어서 말아 놓으면 빙떡이 된다.

옥돔은 제주도에서 제사상에 올리는 귀한 생선이다. 솔라니, 오토미, 솔내기 등 여러 이름으로 불린다. 출산을 한 여자

동문시장 오메기떡 제주 향토 떡인 오메기떡은 차조 가루를 반죽해 빚고 삶은 뒤 팥가루 등의 고물을 묻혀 만든다. 동문시장의 인기 상품 중 하나다.

는 옥돔미역국을 먹었다. 제주 바다와 남해에 주로 서식한다. 가끔 가정집 마당이나 옥상에서 넓은 소쿠리에 옥돔을 올려놓고 말리는 모습을 볼 수 있다. 옥돔은 제주 바람에 말라간다.

동문시장에서 파는 떡볶이는 국수 그릇 같은 큰 사발에 떡볶이를 넣어 먹는다. 양이 많아 푸짐한 인심을 느낄 수 있다. 제주 떡볶이 중에는 모닥치기라는 메뉴가 있다. 모닥치기는 여러 개를 한 접시에 모아준다는 뜻으로, 김밥, 튀김, 전 등을 한 접시에 모아서 주는 음식이다.

동문시장 떡집에서는 상외떡을 판다. 제주시 신촌리에는 보리빵이 유명하고, 동네마다 보리빵집이 있을 정도로 보리

빵은 제주도의 보편적인 빵이다. 신촌 덕인당은 제주 보리빵을 대표하는 가게이다. 상외떡은 보리빵처럼 빵 모양이지만 떡이라 불린다. 상외떡은 탁주를 넣어 발효시키기 때문에 약간의 술맛이 난다. 고려가요 「쌍화점」에도 상외떡이 등장하는 것으로 보아 몽골에서 전래된 음식으로 보는 견해도 있다. 차조 가루를 반죽해 콩가루나 팥가루를 묻혀 만드는 오메기떡도 동문시장의 인기 상품 중 하나다.

원도심 골목길 여행

골목길에서는 향기가 고여 가라앉곤 한다. 어느 집에서 밥을 지으면 밥 짓는 냄새가 골목길에 퍼진다. 골목길에서 뛰노는 아이들을 요즘은 보기 어렵지만, 아이들의 웃음소리와 골목길에서 돌아다니는 강아지가 눈앞에 아른거린다. 비라도 내린 뒤에는 물큰한 향기가 골목길의 추억을 떠오르게 한다.

동문시장을 지나 오현단 위 제주성지 지나 한라산 쪽으로 가다 보면 표구거리(병풍거리)가 나온다. 시대가 변해 예전의 모습은 찾을 수 없지만 가게 몇이 남아 표구거리를 지키고 있다. 제주병풍사, 으뜸화랑, 봉춘표구사, 충옥당표구사, 제일표구사 등이 명맥을 유지하고 있다. 예전에는 동양자수로 만든 병풍들이 관혼상제 때만이 아니라 식당이나 집에서도 장식

용으로 인기가 높았다.

제주도에서 오래된 가게를 이야기할 때 꼭 꼽히는 인천문화당도 원도심에 있다. 문구점인 이곳은 제주도에 있는 작은 상점들이 운동회 시즌이면 가서 장난감을 떼기도 했다. 인천문화당은 처음에는 오해 아닌 오해도 받았다. 제주도 사람들은 4·3을 겪은 뒤 육지에 대한 반감이 있었는데, 새로 생긴 큰 문구점의 상호에 '인천'이라고 버젓이 쓰인 것. 문을 연 사장의 고향이 인천이라서 그렇게 지은 건데, 초기에는 제주도 사람들의 괜한 적대감을 받아야만 했다. 하지만 차차 도내에서 가장 큰 문구사로 인기를 끌었고, 신학기가 되면 인천문화당에 가서 문구를 사는 게 연례행사였다.

인천문화당 옆 자양삼계탕은 오래된 식당인데 원도심의 통닭으로는 서문시장에 있는 백양통닭도 알아준다. 서문시장의 향기는 백양닭집 냄새가 다 채울 정도다. 옛날 통닭의 맛을 보존하고 있어서 그 맛을 기억해 찾는 사람들이 여전히 많다. 하얀 종이로 포장을 하는데, 김이 모락모락 나서 포장한 종이가 투명해지기까지 한다. 원도심의 북쪽 끝 바닷가에 닿은 탑동의 남양통닭과 사오정 호프는 프라임타임에는 자리가 없을 정도로 사람들이 붐빈다.

자양삼계탕 건물 2층에는 제주학 서적을 만드는 것으로 제주도를 대표하는 '각' 출판사가 있다. 출판사에서는 갤러리 '포지션 민'을 운영한다. 전시회는 물론이고, 작가 북 콘서트도 이곳에서 열리곤 한다.

골목길을 따라 한라산 쪽으로 올라가면 벽화 골목길이 나온다. 두멩이 골목을 비롯해 제주시 원도심에는 벽화가 있는 골목길이 몇 군데 있다. 삼성로5길에도 벽화가 있고, 고전길에도 벽화가 있다. 중앙로에서 옆으로 난 골목길을 들어서면 미로처럼 또 다른 골목길이 이어져 있어서 제주도가 고향인 사람도 종종 낯선 골목길을 만나게 된다. 그런 곳에서는 주차 금지 표시로 놓은 화분도 정겹다.

시민회관을 지나 중앙로로 들어서기 직전에 시민필방이

고씨주택 일본 건축을 참고했지만 제주 민가의 전통도 유지하고 있는 오래된 집이다. 지금은 제주책방으로 운영 중이다.

있다. 사십 년 정도 된 가게인데, 서예 용품을 파는 곳이다. 제주시에서 유년기를 보낸 사람들은 학교 준비물인 화선지, 붓, 먹물 따위를 사기 위해서 그곳을 찾곤 했다.

제주시 원도심의 낡은 건물에는 오래된 가게들이 꽤 있다. 어떤 건물은 십 년 전만 해도 복도가 나무 바닥으로 되어 있기도 했다.

동문시장과 산지천 주위에는 오래된 집 역시 많다. 여관, 여인숙 문을 열고 들어가면 타임슬립을 겪게 된다. 동문시장에서 산지천 쪽으로 가다 보면 1949년에 지은 오래된 주택 '고씨주택'이 있다. 제주 근대 건축의 가정집 모습을 느낄 수 있는 이곳은 일본 건축 와고야구미를 참고하여 지었다. 하지만 제주 민가의 전통적 내용을 잃지 않아 특별하다. 안거리 밖거리 사이에 마당을 배치했고, 정지(부엌)와 고팡(창고)도 있다. 지금은 제주책방으로 운영 중이다. 제주도 관련 책을 볼 수 있다. 햇빛 잘 드는 낮에 직산해서(벽에 기대어) 책을 읽으면 제주의 시간을 제대로 느낄 수 있을 것이다. 그때 졸음이 밀려오면 이제 당신은 오래전 제주로 들어가게 될 것이다.

08

한라생태숲
한라산을 오르기 위해

한라산 백록담에 오르려면 아침 일찍 집에서 나서야 한다. 시
간이 없거나 온종일 걸을 자신이 없다면 한라생태숲에 가면
된다. 그곳에서 산책하며 한라산을 만끽할 수 있다.

한라산이 제주도이고, 제주도가 한라산이다. 한라산 자체
가 제주도의 전부인 셈이다. 한라산을 부르는 이름은 많다.
영주산, 두모악, 탐라산, 여장군, 봉래산, 혈망봉, 할락산 등.
한라산의 뜻 중에는 은하수를 끌어당기는 산이라는 뜻도 있
다. 그 의미를 상상하면 매우 신비롭다.

세계 최고봉 에베레스트를 한국인 최초로 오른 산악인 고
상돈은 제주가 고향이다. 남극점, 북극점, 에베레스트 지구 3

극점을 밟은 산악인 오희준 역시 제주가 고향이다. 둘은 한라산을 보며 꿈을 꿨을 것이다. 산악인이면서 사진가인 강정효는 "제주도 사람들에게 한라산은 자신의 고향에서 볼 때 가장 아름답다"라고 말했다.

제주 어디에서나 한라산을 볼 수 있다. 3월이 되어도 한라산 정상 부분에는 눈이 녹지 않아 만년설을 보는 것 같은 느낌이 들 때도 있다. 매화 핀 모습 너머로 눈 덮인 한라산을 보는 맛은 소중한 이에게 소개하고 싶은 특별함이다.

한라산 가는 길

한라산을 오르기 위해 먼저 한라생태숲을 걸으며 한라산에 오를 마음의 준비를 하는 것도 좋겠다. 경사가 없어서 힘들지 않고 걸으면서도 한라산의 느낌을 받을 수 있어서 좋다.

한라산은 우리나라에서 가장 높은 산이기에 여러 식물들의 생태를 살필 수 있는 곳이다. 돌매화나무는 키가 1cm로 세계에서 가장 작은 나무이고, 멸종위기 야생생물 Ⅰ급으로 지정되어 있다. 이 돌매화나무가 우리나라에선 유일하게 한라산에 있다. 또 백록담 부근에만 사는 식물이 있으니 바로 한라솜다리다. 유럽에서는 에델바이스로 알려진 한라솜다리 역시 국내에서는 유일하게 백록담 부근에만 서식한다. 멸종위기

한라산 생태숲길 산책하듯 가볍게 걸으며 한라산을 만끽할 수 있는 곳이다. 벚나무숲, 산열매나무숲 등의 다양한 특색을 지닌 숲과 식물원, 보전림, 전시림 등이 구역별로 조성돼 있다.

야생생물 I 급이다.

한라산 횡단도로를 지나다보면, 드물게 자전거로 한라산을 넘는 사람들을 볼 수 있다. 그 사람들은 고등학교 지리 시간에 등고선에 대해 배우는 동안 잠을 잔 게 분명하다. 특히 비바람까지 치는 날에 자전거를 이용해 한라산을 넘는 건 아주 무모한 일이다. 길이 구불구불해서 한라산 횡단도로로 다니는 걸 꺼리는 운전사들도 있다. 한라산이 대한민국에서 가장 높은 산이라는 걸 잊으면 안 된다. 특히 겨울 산은 많이 위험해서 전문가를 동반하고서 등산 장비를 제대로 챙겨야 한다.

한라산 탐방로는 성판악 탐방로, 어리목 탐방로, 어승생악 탐방로, 석굴암 탐방로, 관음사 탐방로, 돈내코 탐방로, 영실 탐방로 등 다양하다. 성판악 탐방로를 이용한다면, 제주국제대 환승정류장에 주차를 하고, 버스를 이용해 성판악 입구에서 내려 걸어가게 되어 있다. 한라산 백록담까지 갈 생각이라면, 아침 일찍 출발해야 한다. 정오 무렵에는 백록담에 올라가야 날이 저물기 전 하산이 가능하다. 한라산 정상에 오르고 싶다면, 성판악이나 관음사 탐방로를 이용해야 한다.

따뜻한 남쪽 제주도에서는 눈을 보기 힘들 거라 생각하지만, 겨울에 마방목지, 1100고지에 가면 눈을 실컷 볼 수 있다. 제주시나 서귀포시에 비가 내리면 중산간 지역이나 한라산에는 눈이 내리기 때문에 겨울에 제주도에서 차를 운행할 때는 한라산 횡단도로나 1100도로는 피하는 게 좋다. 눈이 많이 내릴 때는 차량이 통제된다. 마방목지는 이름 그대로 말을 키우는 목장인데, 한라산 중턱에 평원처럼 펼쳐져 있어서 이국적인 모습을 보여준다. 말이 한가로이 풀을 뜯는 풍경을 볼 수 있다. 겨울에 눈이 내리면 그야말로 설국이다. 눈이 쌓이면 마방목지 한쪽 경사진 면에선 아이들이 눈썰매를 탄다.

제주도에서는 고려시대 탐라총관부 시절에 말을 많이 길렀다. 헌마공신 김만일은 수많은 말을 나라에 바쳐 임금으로부터 옷을 하사받기도 했다. 원나라에서 말을 관리하기 위해 온 목호들은 처음에는 반목도 있었겠지만, 점차 제주도 사람들과 동화되어 갔던 것으로 보인다. 제주도에서 거의 유일한 열녀비라 할 수 있는 한남리 열녀비의 남편은 목자였다. 고려 말 목호의 난이 일어났을 때 최영 장군은 십만여 명의 관군을 이끌고 제주도에 들어왔다고 한다. 당시 제주도 인구는 삼만여 명이었다고 하는데, 조정은 제주도 사람들 모두를 목호로 본 건 아닐까.

제주도에서는 오랫동안 말고기 먹는 걸 금기하는 풍습이 있었다. 그것은 군마를 기르기 위해 말을 식용으로 쓰지 못하게 한 정책의 반영이라는 설도 있다. 아무튼 말의 섬인 제주도

한라산 마방목지 한라산 중턱의 평원에 있는 목장이다. 푸른 초원에 말이 한가로이 풀을 뜯는 이국적인 풍경을 감상할 수 있으며, 겨울에는 눈부신 설경을 선물하는 곳이다.

에서 말고기 식당은 찾기 힘들다. 그런데 요즘엔 마유가 화장품 재료로 쓰이며 인기라고 한다. 동백 열매, 송이(제주도 화산흙)도 화장품으로 만드는 세상이다.

산책으로 한라산을 만끽하는 한라생태숲

제주시에서 한라산 성판악으로 넘어 서귀포로 가는 버스를 타면 한라생태숲에 갈 수 있다. 한라산에 오르기가 부담스러우면 한라생태숲에 들르면 크게 힘들이지 않고 한라산을 느낄수 있다.

한라생태숲에는 여러 갈래 걷기 코스가 있다. 그날 기분에 따라 선택해 걸으면 된다. 길이 공원처럼 정돈되어 있어서 아이들이 다니기에도 좋다. 나무마다 이름표가 있어서 자연 학습장이 된다. 가다 보면 곳곳에 숲이 있는 곳이나 특별한 장소에 대한 안내판이 있어서 길을 찾기 쉽다. 눈향나무, 비자나무, 구상나무, 팥배나무, 목련, 먼나무, 쪽동백나무, 느티나무 등을 볼 수 있다. 특히 구상나무는 한라산 고유종인데 크리스마스트리로 쓰이는 나무다. 영국의 선교사 윌슨에 의해 구상나무가 서양에 알려졌다. 윌슨이 한라산에서 구상나무 표본과 종자를 채집해 하버드대학교 아놀드수목원에 심고 길러 여러 가지 품종을 육종하여 등록했는데, 이 나무가 크리스마스트리가 되었다. 그리고 벚나무 하면 일본을 먼저 떠올리게 되지만, 왕벚나무는 제주도의 특산식물이다. 이렇듯이 제주는 식물의 보고이기도 하다.

식물뿐 아니다. 운이 좋으면 나뭇가지에 앉아있는 팔색조를 볼 수 있다. 이름 그대로 빨간색, 노란색, 초록색 등 여덟 가지 색을 가지고 있다. 천연기념물이며, 멸종위기 야생생물 II급이다.

한라생태숲의 입장료는 무료지만, 여름에는 6시, 겨울에는 5시까지가 개장 시간이다. 산이라 날이 빨리 저문다. 자연의 거친 면을 좋아한다면, 다소 인공적인 한라생태숲을 권하지는 않겠다. 그렇다고 탐방로가 아닌 곳으로 다니다가는 뱀을 맞닥뜨릴 수 있으니 주의하기 바란다.

제주도가 아름다운 건 화산섬이기 때문이다. 오름, 성산일출봉, 곶자왈, 용천동굴, 주상절리, 독특한 생태계 등은 다 화산섬의 자연환경이 준 선물이다.

제주도는 지금은 휴화산 상태이지만 장래에는 활화산으로 활동 가능성이 있다. 한라산은 살아있다. 때가 되면 전설이 다시 시작되리라.

09

교래자연휴양림
제주에서 가장 너른 곶자왈

두점박이사슴벌레의 집은 곶자왈이다. 두점박이사슴벌레는 곶자왈에서만 살기 때문이다. 그래서 곶자왈에 가면 조심해야 한다. 함부로 돌을 옮기거나 나뭇가지를 꺾으면 안 된다. 그곳은 두점박이사슴벌레의 집이기 때문이다. 물론 두점박이사슴벌레만 사는 곳은 아니다. 소중한 동식물들이 그곳에서 서로의 품속에서 살아간다.

교래자연휴양림은 아주 넓은 곶자왈을 품고 있어서 원시림의 기운을 느낄 수 있다. 자연정화 작용이 있어서 곶자왈을 걸으면 온몸이 치유되는 느낌을 받을 수 있다. 곶자왈의 나무들은 햇빛을 가릴 정도로 우거져 있고, 늘 선선하고 물기가 있어서 그런지 우연히 만나는 달팽이도 크고 건강해 보인다. 비 내린 후에 가면 더욱 싱그러운 곳. 곶자왈의 가치를 인식하는 건 제주의 가치를 아는 일이다. 가까운 시간 내에 곶자왈을 최고로 여기는 사람들이 넘쳐날 게 분명하다.

두점박이사슴벌레 집에 가면

곶자왈은 화산 활동을 하면서 뿜어져 나온 용암들이 식어서 그 위로 나무나 덩굴식물들이 자라면서 숲을 이룬 곳을 말한다. 제주도 사람들은 그런 곳을 '곶'이라 불렀다. '곶'은 제주어로 '숲', '자왈'은 '나무와 덩굴 따위가 마구 엉클어져서 수풀같이 어수선하게 된 곳'을 뜻한다. 곶자왈은 나무와 덤불 등 다양하고 희귀한 식생이 모여 생태학적으로 중요한 가치를 지니고 있는 곳이다.

예전에는 제주도 사람들조차 곶자왈의 중요성을 인식하지 못했다. 하지만 점차 곶자왈의 가치가 인정받으면서 최근에는 사유지로 되어 있는 곶자왈을 공유화하자는 운동이 진행중이기도 하다. 곶자왈을 보호하기 위한 단체가 '곶자왈 사람들'이다. 그 단체의 활동으로 곶자왈을 쓸모없는 땅이라 여겼던 사람들이 점차 그곳을 생명의 숲으로 여기기 시작했다.

곶자왈에 있는 제주고사리삼은 원시 고사리 형태를 보존

제주고사리삼 원시 고사리 형태를 보존하고 있는 희귀식물. 보통의 고사리보다 키가 작고 짙은 녹색 잎이 사방으로 펼쳐져 있다. 세계에서 유일하게 제주 곶자왈에서만 발견되고 있으며 멸종위기 야생생물로 지정돼 있다.

하고 있으며 1속 1종인 희귀식물이다. 환경부 지정 멸종위기 야생생물 Ⅱ급으로 지정되어 있다. 세계에서 유일하게 제주도 곶자왈에서만 발견된다. 우리가 흔히 아는 고사리보다 키가 작고, 짙은 녹색 잎이 사방으로 펼쳐져 있다. 양치식물인 고사리는 지구상에서 가장 오랫동안 살아오며 옛 모습을 간직해 왔다. 꽃이 피지 않는 제주고사리삼은 꽃 대신 잎 사이로 포자낭이 나온다.

딱정벌레 중에서 두점박이사슴벌레도 곶자왈에서만 산다.

등에 검은 점이 있어서 이름에 '두점박이'가 붙었다. 역시 멸종위기 야생생물 Ⅱ급이다. 얼마 전에는 영산강유역환경청에서 선흘분교 아이들을 통해 곶자왈에 두점박이사슴벌레를 방사했다. 그날 선흘분교 아이들은 꿈에 두점박이사슴벌레와 함께 놀았겠지.

제주도 사람들은 곶자왈에서는 농사를 지을 수 없어서 땔감을 얻거나, 숯을 만들거나, 약초 등의 식물을 채취하던 곳으로 썼다. 곶자왈은 세계에서 유일하게 열대 북방한계 식물과 한대 남방한계 식물이 공존하는 곳이다. 한여름에도 곶자왈에 들어가면 서늘하다. 곶자왈만의 기후가 있다. 그래서 여름에도 걷기 좋다.

곶자왈에서 '미기후'라는 말을 배웠다. 미기후는 인간들의 기후가 아닌 발목 아래 땅에 가까운 곳에 사는 생물들에게 해당하는 기후다. 그들만의 기후가 있다는 것. 그곳에서도 바람이 불고, 햇빛이 나고, 비가 내리므로.

휴양림에서 달팽이처럼

교래자연휴양림은 제주도 곶자왈 중에서 가장 넓은 곶자왈이다. 그래서 제주도에서 휴양림으로 가장 먼저 지정한 모양이다. 곶자왈을 둘러보기 위한 코스는 생태관찰로와 오름산책로 두 가지 탐방코스가 있다. 오름산책로는 큰지그리오름으로 가는 길인데, 생태관찰로에 비해 훨씬 길다.

빨간 열매를 맺은 자금우가 눈에 띈다. 주름고사리, 개톱날고사리, 좀고사리, 골고사리, 큰지네고사리 등 고사리의 종류도 많다. 골고사리와 큰지네고사리는 제주도가 아니라면 두만강이나 압록강에 가야 볼 수 있다. 북한을 배경으로 한 드라마 '사랑의 불시착', 만주를 배경으로 한 영화 '봉오동 전투' 둘 다 제주도 곶자왈이나 오름 일대에서 촬영한 까닭이 다 있다.

이곳에 가면 제주도 곶자왈이 예전에 어떻게 이용되었는지 알 수 있다. 바로 숯가마 터다. 1960년대까지만 해도 곶자왈에서 숯을 구웠다. 숯을 굽기 위해 돌을 쌓아놓은 흔적을 발견할 수 있다. 그 외에 산전 터, 움막 터 등이 남아있는 곳도 발견할 수 있다.

교래자연휴양림에는 야영 시설이 있고, 현무암으로 만든 제주 전통 초가집에서 숙박도 가능하다. 물론 사전에 전화를 걸어 예약을 해야 한다. 한 가족이 제주를 찾는다면, 제주 초가에서의 하룻밤도 좋은 추억이 될 것이다.

생태관찰로를 걷는 것으로는 시시하다면 오름산책로를 따라 걸어보시라. 오름산책로는 큰지그리오름 전망대까지 다녀오는 코스인데 곶자왈과 오름을 동시에 느낄 수 있다. 산책로

교래자연휴양림 제주도 곶자왈 중에서도 가장 넓은 곶자왈에 휴양림을 만들었다. 생태관찰로와 오름산책로의 두 가지 탐방코스를 통해 둘러볼 수 있다.

는 약 40분이면 돌 수 있지만, 큰지그리오름은 2시간 넘게 걸린다. 그래도 오르막길은 많지 않으니 마음 단단히 먹어야 할 정도는 아니다. 초여름에 걸으면 연두색 나뭇잎이 햇볕을 받아 반짝이는 걸 볼 수 있다.

지그리오름은 노꼬메오름처럼 큰지그리오름과 족은지그리오름이 있다. 큰지그리오름은 키가 크고 빽빽한 나무들이 숲을 이룬 곳이 많다. 반면에 족은지그리오름은 잔디밭이 형성되어 있고, 완만하게 오를 수 있다. 오름 나그네 김종철은 두 오름을 바라보며 '초승달에 별 하나 딸린 모습'이라 표현했다.

교래리에 가면

교래자연휴양림이 있는 교래리는 닭칼국수 식당들이 많다. 삼다수 공장이 있어서 삼다수마을로 알려진 교래리는 토종닭 유통 특구이기도 하다.

사실 교래리의 터줏대감은 산굼부리라고 할 수 있다. 산굼부리는 용두암과 함께 한때 제주 여행의 대표적인 장소였다. 화산 활동으로 인해 생긴 자연의 경이로움이 제주 관광의 출발이었다는 걸 알 수 있다. '굼부리'는 분화구를 뜻한다. 제주도에는 정물오름, 따라비오름, 금오름 등 굼부리를 볼 수 있는 오름이 많다. 산굼부리는 원형극장 모양의 산굼부리 자체

산굼부리 억새와 멀리 보이는 한라산 교래리에 있는 분화구로 천연기념물 제263호로 지정되어 있다. 가을이면 만발해 출렁이는 억새가 아름다워 제주 억새 명소로도 손꼽힌다. 날이 좋은 날에는 멀리 한라산까지 눈에 담을 수 있다.

가 천연기념물로 지정될 정도로 귀한 곳이다.

교래리에는 교래분교가 있다. 제주도에는 분교들이 몇 있는데, 더럭분교는 인기가 많아 입학이 늘어나면서 더럭초등학교가 되었다. 요즘 시대에 작은 학교는 폐교 위기를 겪는데, 오히려 승격이 된 것이다. 교래분교 아이들은 해마다 천미천에 가서 도롱뇽을 찾는 현장학습을 한다. 아이들이 작사, 작곡, 노래한 음반도 있으니 교래리에 갔다면 이 마을 아이들의 노래를 꼭 들어보면 좋겠다. 음원 사이트에도 있다. 어떻게 아이들이 자연 속 학교에서 커가고 있는지 공감할 수 있다.

제주도에서는 학교를 살리기 위해 초등학교 근처에 빌라를 지어놓고 학교 가족을 맞이하는 곳도 있으니 제주도로 이주를 계획한 가족 중 아이가 초등학생이라면 확인해 보시라.

10

거문오름과 먼물깍
태초의 신비를 숨겨둔 곳

조천읍 선흘리와 구좌읍 덕천리 일대에 있는 거문오름은 오름 중의 오름으로 손꼽힌다. 사전 예약제로 오름 등반을 허락할 정도로 아끼는 오름이다. 오름 전체가 천연기념물이고, 유네스코 세계자연유산에 등재되었다.

제주도에는 물장오리, 물영아리, 먼물깍습지, 숨은물뱅듸습지, 1100고지습지 등이 람사르 습지로 지정되었다. 람사르 습지는 '물새 서식지로서 중요한 습지 보호에 관한 협약'에 따라 생물지리학적 특징이 나타나면서 희귀 동식물의 중요한 서식지인 곳을 보호하기 위해 마련되었다. 동백동산과 거문오름을 보유하고 있는 선흘리는 람사르마을로 지정되기도 했다.

상서로운 기운이 있는 거문오름

제주는 오름의 섬이다. 우리가 오름의 가치를 잘 몰랐을 때부터 오름을 오르내리며 사진을 찍고 글을 쓴 사람이 있다. 김종철의 책 『오름나그네』는 오름을 이해하는 교과서로 사용되며, 그는 오름을 좋아하는 사람들의 정신적 지주가 되었다. 그리고 오름에 대해 말할 때 빼놓을 수 없는 또 한 사람 김영갑. 그가 세운 김영갑 갤러리 두모악은 서귀포시 성산읍 삼달리에 있다. 김영갑은 제주도 오름에 반해 오름 사진만 찍다가 숨을 거두었다.

한자로 검은색은 신비로움을 뜻한다. 거문오름은 그야말로 신비로움을 간직한 오름이다. 화산재 알갱이인 송이가 있는 길을 걸으면 화산 활동으로 형성된 거문오름의 품속으로 들어가게 된다. 거문오름 입구에는 세계자연유산센터가 있다. 유네스코 세계유산은 범세계적으로 보존되어야 할 주요 유산을 목록에 등재한다. 제주도에서는 한라산, 성산일출봉, 거문오름 용암동굴계가 지정되어 있다.

거문오름에 오르려면 세계자연유산센터 홈페이지를 통한 예약이 꼭 필요하다. 당일 예약은 안 되고, 며칠 전에 날짜를 정해야 한다. 이렇게 예약제로 실시하는 것은 탐방객의 인원을 제한해 오름을 보호하기 위해서이다.

거문오름 천연기념물 제444호로 오름 전체가 천연기념물이다. 흙과 돌이 유난히 검은 빛을 띠어 이름 붙여졌지만, 신비스러운 오름이라는 뜻도 가지고 있다. 거문오름의 용암동굴계는 유네스코 세계자연유산에 등재되었다.

울창한 삼나무들이 있는 숲길로 오르게 된다. 역시나 피톤치드가 폴폴 나온다. 초여름에는 산수국이 꽃 핀 걸 볼 수 있다. 경사가 심하지 않고, 난간이 조성되어 있어서 걷기 어렵지 않다. 가을에는 억새가 물결을 일으키는 모습도 볼 수 있다. 정상에 오르면 맑은 날엔 한라산이 보인다. 주위 풍경에는 오름들이 가득하다. 정말 제주도는 오름의 땅이라는 걸 실감하게 된다.

습지는 살아있다

백록담은 물이 고여 있을 때가 흔하지 않은데, 물장오리는 늘 물이 가득하다. 산정 분화구에 물이 찬 물장오리는 신비로움을 자아낸다. 영험한 분위기가 있어서 설문대할망 전설이 깃들게 된 걸까. 이곳의 물을 함부로 하면 안 된다는 이야기가 전해온다. 이 습지를 보호하기 위해 입산을 금지할 때도 있으니 사전에 확인이 필요하다. 한라산국립공원 관리사무소를 통해 입산 가능 여부를 물어야 한다. 물장오리오름은 오름 전체가 천연기념물로 지정되어 있다. 팔색조, 솔개, 조롱이, 삼광조 등의 새들이 산다.

물장오리는 물영아리와 헷갈리는 이름이다. 물장오리는 제주시 봉개동에 있고, 물영아리는 서귀포시 남원읍 수망리

물장오리오름 분화구에 고인 물이 연중 마르지 않아 다양한 생물이 서식하고 있으며, 천연기념물 517호로 지정되었다. 설문대할망이 빠져 죽었다는 전설을 가지고 있다.

에 있다. 물영아리는 우리나라에서 처음 습지보호구역으로 지정된 곳이며, 물장오리는 설문할망이 빠져 죽었다는 전설이 있는 곳으로 기억하면 구분이 가능하겠다.

숨은물뱅듸는 제주시 애월읍 삼형제오름 부근에 있다. 제주도는 화산섬이라서 물이 잘 고이지 않는 특성이 있는데, 습지들이 몇 있다. 람사르 습지로 지정된 숨은물뱅듸는 고산지대에 형성된 습지이다. 제주시 애월읍 광령리에서 1000고지로 가다가 한라산 쪽으로 더 들어가면 숲 너머에 숨은물뱅듸가 숨어 있다. 이름 따라 사람들에게 많이 알려지진 않았지만, 제주 생태에 관심이 많은 사람들에게는 소문내지 않고 다니는 귀한 곳이다. 숨은물뱅듸 가는 길에는 조릿대가 가득하다. 숨은물뱅듸에는 멸종위기 야생식물 Ⅱ급인 자주땅귀개 등 여러 수서생물이 살고 있다. 꽝꽝나무, 팔색조, 새호리기, 왕은점표범나비 등도 산다.

자주땅귀개는 통발과의 식물인데, 가는 줄기 끝에 달려있는 꽃 모양이 귀이개와 닮아 붙여진 이름이다. 보기에는 다른 식충식물과 달리 여리여리한 들꽃처럼 보인다. 벌레 잡는 주머니가 뿌리에 있다. 꽝꽝나무는 불에 탈 때 꽝꽝 하는 소리가 난다고 해서 꽝꽝나무가 되었다. 그렇다고 해서 실제 나무를 태워보는 일을 해서는 안 된다. 가을에 검은 열매가 열리는

데, 참새들이 좋아하는 열매다. 팔색조는 천연기념물로 지정될 정도로 귀한 새다. 무지개 닮은 깃털이 매우 아름다운 모습을 뽐낸다. 경계심이 강해 좀처럼 모습을 드러내지 않아 본 사람이 드물다. 멸종위기 야생생물 Ⅱ급으로 지정되었다. 습지보호구역이라 지나친 관심이 우려되기도 한다. 찾아가려면 영산강유역환경청에 미리 허가를 받아야 한다.

먼물깍의 비밀

선흘곶자왈에 동백동산이 있다. 선흘곶자왈은 국가지질공원으로 지정되었다. 동백동산 습지는 람사르 습지로 지정되었다. 좋은 건 다 선정되었다. 거문오름에서부터 북오름을 지나 선흘1리까지 이어진 곶자왈 지대를 선흘곶자왈이라 한다. 그중에 동백동산은 먼물깍을 비롯한 습지들이 많고, 이름대로 동백나무 군락지가 형성되어 있다. 보통 곶자왈은 많은 양의 물을 땅속에 저장하고 있는데 선흘동백동산은 습지를 보이는 점이 특징이다.

동백동산에도 4·3의 아픔이 있다. 4·3 당시 마을 사람들은 토벌대를 피해 동백동산에 있는 도틀굴, 목시물굴, 대섭이굴 등에 들어가 숨어 지냈다. 여기에 숨어 있던 사람들은 대부분 발각되어 학살되었다. 지금은 도틀굴 위에 굵은 철창이 있어서 비극이 봉인되어 버린 것처럼 보여 섬뜩하다. 이곳에서 귀신을 봤다는 말이 전해온다. 음산한 분위기가 있는 곳이다. 입구에는 동백동산습지센터가 있다. 화장실에 갈 일이 있으면 이곳을 이용한 뒤에 곶자왈 탐방을 하는 게 좋을 것이다. 입구에서 길 건너편에는 선흘반못이 있다. 여름에는 수련꽃이 핀다. 잠시 차를 멈추고, 가볍게 산책하기 좋다. 반못은 빌레에 물이 고여 생긴 이름이다.

슬픔이 고여있는 동굴을 지나 먼물깍에 도착하면 습지에 그득한 물이 제주의 눈물인 것만 같다. 맑아서 더 서글픈 먼물깍. 그 먼물깍에 비친 제주 하늘은 또 얼마나 맑은가.

11

동자복
미륵불에 비는 제주의 마음

제주의 무속은 자연의 영향을 많이 받는 섬 지역 특성이 잘 나타난다. 화산토라서 땅은 척박하고, 바다에서는 풍랑을 만나는 일이 잦아 치성을 드리며 살았다.

이러한 섬에 들어오기 위해 불교는 제주의 전통문화와 연계했다. 칠성제와 산신제는 불교 의례와 제주 무속이 결합된 형태로 전승되었다. 천도재를 지낼 때도 육지에는 없는 시왕각청의 절차가 있다. 시왕각청은 저승을 담당하는 여러 왕에게 공양을 청하는 것을 말한다. 제주 민요를 받아들인 절에서 재를 올릴 때 부르는 소리인 범패, 그중에서도 화청이 제주 민요를 받아들였다는 것도 제주 불교의 특징 중 하나다.

무속과 신앙에 기대어 산 제주도에서는 '체 내리는 집'이 여전히 성행 중이다. 체했을 때 병원이 아닌 체 내리는 집을 찾는 제주도 사람들이 아직도 있다. 몇몇 유명한 곳은 줄은 설 정도이고, 입었던 속옷만 가져가도 효험을 낸다는 소문도 있다.

오래된 바람을 품은 골목

건입동부터 시내라 부른다. 예전에는 시내를 성안이라 불렀다. 건입동은 제주성 동문 부근에 있는 동네다. 제주에서는 제주시에서 자란 아이를 '시엣아이'라 부른다.

건입동은 제주항이 있는 동네다. 제주의 관문에 있는 마을이다. 제주항이 가까워 대형 트럭들이 자주 다닌다. 물류를 운반하는 화물트럭들이다. 제주항과 사라봉 사이에 제주출입국관리사무소가 있었으나 제주출입국외국인청으로 이름도 바꾸고 제주공항 근처로 이전했다. 한때 카페리 여객선을 꽤 많이 이용했으나 이제는 공항을 많이 이용하기 때문일 것이다.

사라봉 아래 집들이 몰려 있다. 제일교 사거리에 시외버스 정류장이 있어서 동쪽에서 오는 사람들은 성안에 갈 때 대개 그곳에서 내렸다. 동쪽 사는 학생들 역시 제일교에서 내려 동양극장까지 걸어가 영화를 봤다. 동쪽에서 이사 온 사람들은 아무래도 제주시의 동쪽에 터를 잡았다.

사라봉과 별도봉 아래 우당도서관이 있다. 한때 '세계는 넓고 할 일은 많다'라는 말로 세계를 누비던 대기업 대우가 건립한 도서관이다. 김우중 회장의 형이 제주도지사를 지낸 적이 있는데 그의 호를 도서관 이름으로 정했다. 지금은 모든 게 무료지만, 처음 이 도서관은 입장료를 받았다. 몇몇 학생들은 개구멍으로 몰래 들어가기도 했다.

제주여상 정문 옆에 전람회레코드 가게가 있었다. 간판은 그대로 남아있지만 셔터가 내려져 있다. 제주시에는 1990년대 초반까지만 해도 레코드 가게가 많았다. 하지만 세월과 유행의 변화 속에 수십 년을 버티던 아리랑레코드도 몇 년 전 문을 닫았다.

산지등대에서 주택가 쪽으로 발길을 옮기면 건입동 벽화 골목이 있다. 근처 일도2동에는 두멩이 골목이 있는데, 그곳에 가보면 건입동과 일도2동 일대가 오래된 동네라는 걸 알 수 있다. 제주에서는 바람이 많이 부는 곳을 '바람코지'라 부른다. 바람은 오래된 골목길로 들어와 순해진다. 바람의 길목 따라 제주의 골목들이 형성되었기 때문이다.

친근한 얼굴

제주 불교는 토속신앙과 융합하면서 토착화를 이루었다. 길

흉화복을 가져다주는 미륵신앙은 그렇게 제주 사람들에게 깊이 다가갈 수 있었다.

제일교 사거리에서 제주항 쪽으로 내려가는 길에 건입동 행정복지센터가 있다. 그 센터 맞은편에 미륵불 동자복이 있다. 고려 후기에 제작된 것으로 보는 견해도 있지만 조선 후기로 보는 게 설득력이 있다. 예전에는 그 자리에 만수사라는 사찰이 있었다고 하는데, 지금은 주택 뒤뜰에 있다. 동자복을 부르는 이름은 많다. 복신미륵, 자복신, 자복미륵, 미륵불, 큰어른 등 자리를 지킨 세월만큼 쌓인 부름이다. 조선시대에 무속과 불교를 타파하려는 정책 때문에 제주도의 여러 사찰이 파괴되었다. 동자복이 있던 만수사도 그때 없어진 것으로 보인다. 만수사 옛터에 동자복을 세운 것으로 보는데, 만수사의 정확한 창건 시기는 밝혀지지 않았다. 만약에 만수사를 파괴할 때 그래도 미륵불은 감히 어쩌지 못해서 동자복은 그대로 둔 것일까.

동자복의 모습은 불상이 주는 위엄이 있으면서도 친근한 느낌을 준다. 최근 인기 캐릭터인 펭수를 닮았다. 키는 3m를 훌쩍 넘을 것 같다. 표정은 애써 근엄해 보이려고 하지만 부끄럼을 타는 것 같다. 머리에는 벙거지를 쓰고 있는데 나중에 제작해 씌어주었다.

동자복 조선 후기에 제작된 미륵불로 친근한 얼굴이 특징이다. 돌하르방과 미륵불을 합쳐 놓은 형상으로, 제주 토속신앙과 융합하면서 토착화를 이룬 제주 불교의 특성을 보여준다.

동자복이나 서자복은 제주의 무속과 불교가 결합된 형태를 잘 보여준다. 돌하르방과 미륵불을 합쳐 놓은 형상을 하고 있다. 돌하르방처럼 현무암으로 만들었고, 옷은 통견 방식으로 걸쳤다. 통견은 승려가 사찰 밖으로 외출할 때의 착의법인데, 대개의 미륵불과 비슷한 의복 양식을 갖췄다. 우리나라의 미륵불은 지방색을 보이며 주민들 마음속으로 들어가려는 시도를 보이는 경우가 많은데, 동자복도 그러한 경우에 해당된다.

석가모니가 열반에 든 뒤 오십육억 칠천만 년이 지나면 이사바세계에 미륵이 출현한다고 한다. 기독교에서 말하는 메시아처럼 불교에서는 미륵이 온다고 말한다. 제주에 미륵이 출현한다면 동자복과 얼마나 가까울까 생각해본다.

제주항이 내려다보이는 만덕로에 있는 동자복은 혼자 외롭게 서 있다. 지금도 동자복 앞에 음식을 놓고 치성을 드리는 사람들이 있다. 동자복을 조상으로 여기는 사람들도 있다. 건입동에 사는 김씨, 고씨, 이씨 집안이 그의 후손들이라고 자처한다.

동자복에서 제주항 근처 큰길로 용담동 방향으로 가면 용화사가 있다. 용연과 가까운 곳에 서자복이 있다. 동자복과 서자복을 쌍둥이로 볼 수도 있지만, 아주 닮은 건 아니다. 서자복은 동자복에 비해서 좀 더 부드럽고 다소곳하다. 서자복

서자복 동자복과 서자복은 제주성을 지키는 수호신 역할을 했다. 돌하르방과 비슷한 얼굴, 나란히 세워진 고추바위(아이를 낳게 해주는 바위) 등이 제주 무속과 불교의 융합을 엿볼 수 있게 한다.

이 있는 용화사는 1939년 조선시대에 사라진 해륜사 터에 지은 사찰이다. 서자복이 있는 마을은 동한두기마을이다. 이 부근을 모두 절동산으로 부를 정도이니 해륜사의 영향력이 컸음을 알 수 있다. 이 사찰은 조선시대에 사찰과 신당을 없앤 이형상 목사가 훼철했다.

제주 사찰의 창건 내력을 살펴보면 심방(무당)이 그 사찰의 창건에 관여하는 경우가 있다. 무속과 불교가 밀접하게 관계를 형성했다. 당굿은 마을의 풍요와 안녕을 기원하는 행사인데 마을 축제나 마찬가지였다. 당굿을 연례행사로 중요하게 여겼다. 조선 후기에 이르러 유교가 정착이 되면서 마을 포제는 유교식으로 남자들에 의해 행해지고, 당굿은 여자들 위주로 진행되었다. 하지만 와흘리 본향당 당굿은 남녀를 나누지 않는다.

동자복과 서자복은 함께 제주성을 지키는 수호신 역할을 했다. 바다를 터전으로 삼아 살았던 제주도 사람들은 바다에서 오는 액운을 이 두 수호신이 지켜줄 거라 믿었다.

서자복 옆에는 고추바위가 있다. 아이를 낳지 못하는 여성이 이곳에 걸터앉아 엉덩이를 비벼대며 기도를 하면 영발이 통해 아기가 생긴다는 이야기가 전해온다. 아기를 낳게 해준다는 기자의례는 무속의 영향일 테니 서자복 옆에 고추바위를 나란히 세워놓은 건 불교와 무속의 만남이라 할 수 있다. 그 외에도 전염병을 막아준다고 믿었다.

동자복 이웃에는 고경대 사진가가 지은 사진예술공간 '큰 바다영'이 있다. 건물 모양이 동자복을 닮았다. 고경대 사진가는 고영일 사진가와 함께 부자(夫子) 사진가로 알려졌다. 아버지가 수십 년 전에 찍은 장소를 찾아가 세월의 기록을 사진 찍는다.

12

제주성지
성굽길에서 만나는 제주 원도심

몇 해 전까지만 해도 제주 시내를 '성안'이라 부르는 사람들이 많았다. 시내에 볼일이 있어서 다녀올 때는 '성안'에 다녀온다고 말했다. 그 정도로 제주성은 제주시 생활권에서 오랫동안 제주 사람들에게 영향을 준 구조물이다. 이제 성의 흔적은 찾기 어렵지만, 지명이나 길에 성담의 기억이 있다. 제주성 둘레를 걷는 성굽길 따라 이야기가 남았다.

『동국여지승람』에는 탐라에 옛 성이 있었던 흔적이 있다는 기록이 있다. 이후 『태종실록』에는 큰비가 내려 제주성으로 물이 들어와 저장해둔 곡식이 물에 잠겼다는 부분이 있다. 『탐라지』에는 제주성의 둘레가 5,489척, 높이가 11척이라고 표기되어 있다. 그러니까 지금의 단위로 환산하면 둘레는 약 1.7km, 높이는 약 3.4m의 크기다. 제주 성벽 위로 말이 달릴 수 있을 정도였다. 하지만 1920년대 이르러 일제가 산지항(제주항) 축항 공사를 하면서 제주성을 허물어 성담의 돌을 바다에 매립해버렸다.

무근성에 남아있는 성(城)의 기운

제주목관아지에서 탑동 쪽에 있는 마을은 오래된 성이 있었던 터라서 '무근성'이라 부른다. 제주목관아에 이어 제주시청이 자리해서 제주 행정의 중심이던 마을이다. 하지만 신제주 건설이 이루어지면서 원도심이 붕괴되어 무근성도 함께 쇠락했다. 신제주의 땅값이 오르면서 '노형동 땅 부자'라는 말이 있었는데, 최근엔 아라동 쪽으로 개발이 이루어지면서 '아라동 왕자'라고 농으로 부른다. 무근성에는 적산가옥을 비롯한 오래된 집들이 많다. 좁은 골목길은 1980년대의 모습을 그대로 보여준다. 간혹 젊은 손님들이 좋아하는 찻집이나 식당이 있다.

　『동여비고』에는 칠성대라고도 불리는 칠성도가 제주성 안에 있다는 내용이 있다. 칠성대는 하늘에 제사를 지내는 곳인데, 그 위치에 '대촌'이라 표기되어 있다. 『제주고적도』에는 성주청 표시가 되어 있다. 그 위치가 제주성의 한가운데다. 성

제이각 조선시대에 왜구의 침입을 막기 위한 방어시설이었다. 제주성의 일부로 복원되었다.

주청은 탐라국 시대부터 성주가 집무를 보던 곳이다. 『탐라순력도』'제주조점'에는 관덕정, 망경루, 문루 등을 세밀하게 그렸다. 성 장대에 매단 깃발도 보인다. 현재의 제주성은 오현단 부근에 남아있던 성을 활용해 복원한 형태다. 제주성이 건재했을 당시에는 동문, 서문, 남문이 있어서 지금도 제주시 도심의 지명에는 동문, 서문, 남문이라는 지명이 남아있다.

성안에는 지금의 도청 격인 제주목관아가 있었는데, 지금 그 모습을 복원해놓았다. 그리고 그 옆에는 관덕정이 있다. 또 예전에 제주의료원이 있던 자리에는 '예술공간 이아'가 들어섰다. 제주의료원은 아라동으로 이전했고, 그 자리는 일제강점기에는 자혜의원이 있었다. 지금의 이름 '이아'는 조선시대 관청으로 쓰던 시절의 이름이니 돌고 돌아 다시 '이아'가 되었다.

중앙로가 생기기 전에는 한짓골이 제주성에서 중심이 되는 저잣거리였다. 제주학 관련 서적을 주로 만드는 '각' 출판사가 있고, 근처에 예술가들의 작업실이 모여 있다. 제주민예총에서는 해마다 이 일대에서 제주 프린지 페스티벌을 연다.

'탑바리'라고도 불리는 탑동은 중앙로와 연결돼 있다. 예전에 탑이 있어서 붙은 이름이다. 성굽길을 걸어보면 오래된 이야기가 어느새 이야기의 성을 쌓을 것이다. 제주에서는 성(城)

을 성(星)으로 인식했으니 그 이야기는 별이 될 수 있겠다.

제주시 중앙로에서 동문시장 쪽으로 가다가 오현단 쪽으로 방향을 틀면 제주성을 일부 복원한 모습을 볼 수 있다. 그리고 그 옆에 제이각이 있다.

제이각은 1599년 제주목사 성윤문이 왜적의 침입을 막기 위해 세운 누각이다. 2014년에 터가 발견되었고, 제주성지 복원의 일환으로 2015년에 다시 세워졌다. 제주성의 골격이 제주목사 성윤문의 재임 기간에 이루어졌다. 성윤문은 한겨울에도 제주도 사람들에게 축성 작업을 지시했다. 성윤문 목사가 처음 제주 땅을 밟은 건 임진왜란이 끝난 이듬해였다. 그는 임진왜란 당시 경상좌도병마절도사를 지낸 인물이다. 전란 직후 어수선한 상황이었기에 왜구의 침입에 대비한다는 명분은 불확실했지만 성 쌓는 일이 너무 가혹해 여러 명이 목숨을 잃어 제주도 사람들은 제주성을 축원성이라 불렀다.

『조선왕조실록』에는 성윤문에 대해서 "탐욕스럽고 잔인하고 사나워서 가는 곳마다 아전, 백성, 장졸들이 모두 원망하여 흩어졌다. 일찍이 제주목사가 되어서는 군졸을 혹사하였는데 홧김에 혹독한 형벌로 수십 명을 죽였다. 그 잔인함이 이와 같았으므로 다들 분노했다"라고 기록되어 있다. 후에 수원부사를 거쳐 경상우도수군절도사 겸 통제사가 됐으나 군민에게 가혹한 형벌을 가하다 파직되었다.

제이각 옆에는 더블유 스테이지가 있다. 원래는 오현고등학교의 별관으로 음악당으로 쓰였다. 오래된 건물인데, 요즘은 전시회나 공연이 열리곤 한다. 낡은 음악실에서는 풍금 소리가 들릴 것만 같다. 제이각 계단 앞에 있는 종려나무가 남국의 성(城) 분위기를 연출한다.

그곳에서 다시 동문시장 방향으로 내려가면 남수구(남수각)가 있던 자리가 있고, 오현단이 있다. 오현단은 성리학의 인물들을 기리는 곳이다. 충암 김정, 청음 김상헌, 동계 정온, 규암 송인수, 우암 송시열은 제주에 부임되었거나 유배를 왔던 유학자들이다. 조선 후기 서인 노론 세력의 권력에 의해 배양된 인물들이라는 해석도 있다.

조선 양반들에게 제주도는 정치적 유배지였다. 제주에 지방관으로 파견되어 오는 건 좌천이었다. 바다를 건너는 일은 목숨을 잃을 수도 있는 일이며 중앙과 멀어져 관리들이 꺼리는 부임지였다. 임금님을 사모한다고 알랑거리며 목관아 안에 '망경루'나 조천리에 '연북정'을 만들 정도로 그들은 서울로 돌아가는 것에 신경 썼다. 북쪽 하늘만 바라보느라 선정을 베푸는 목사나 도지사가 예나 지금이나 드물다.

오래된 마음의 가게들

서문시장 입구 옆 길가에는 삼복당제과가 있다. 오래된 빵집이다. 새시 문이나 타일 바닥이 레트로 느낌을 준다. 단팥빵, 잼이 들어간 빵, 곰보빵 등이 모두 개당 500원이다. 1970년 무렵에 문을 열었다고 한다. 그러니 거의 오십 년 된 빵집이다. 먹고살기 힘들어 시작한 게 빵집이었는데, 남편이 보증을 잘못 서서 일을 그만두게 되면서 부부가 같이 운영하게 되었다고 한다. 지금은 둘 다 노인이 되었다. 가격이 저렴한 까닭을 물으니 손님들이 잊지 않고 계속 찾아주는 게 고마워서 그렇다고 한다. 그래도 처음엔 150원이었으니 많이 오른 거라며 웃는다.

제주도에서는 제사상에 빵을 올리는 문화가 있다. 카스텔라와 같은 고급 빵을 제사상에 올리는 게 조상에 대한 정성이었다. 가까운 사촌에게는 고급 빵을, 조금 먼 친척이면 동이빵(찐빵)을 갖고 '식게 먹으러 가는 게' 관례였다(제주도에서는 친척 집에 제사 지내러 가는 걸 '식게 먹으러 간다'고 한다).

용담동 토박이 김세홍 시인은 삼복당제과에 대한 추억을 떠올렸다. "제삿날이 되면 빵을 사러 심부름을 오곤 하던 기억이 납니다. 빵은 제삿날에나 먹을 수 있는 고급 음식이었죠." 지금은 여러 프랜차이즈 빵 가게들이 화려한 모습을 자

원도심 골목 풍경(위)과 삼복당제과(아래) 제주 원도심에는 제주 성안 옛길이 남아있어 다정한 정취를 선물한다. 서문시장 입구에 있는 삼복당제과는 제주에서 가장 오래된 빵집으로 오십 년간 자리를 지키고 있다. 모든 빵의 가격이 500원인 데다가 정직한 맛으로 제주 맛집이자 관광명소로 이름나 있다.

랑하지만, 옛날의 운치마저 달콤한 이곳을 일부러 찾는 손님이 있을 정도다.

맛있는 빵을 먹으면서 관덕정 쪽으로 가다 보면 목욕탕에 있는 찻집도 보이고 독립서점도 보인다. 제주시 원도심에는 제주의 작은 서점들의 효시였던 라이킷과 미래책방이 있었는데, 문을 닫거나 이름이 바뀌었다. 그래도 제주도는 어느새 책방들의 섬이 되었다. 책방 순례를 하는 사람들도 늘고 있다.

오래된 건물의 분위기를 그대로 보존하면서 새롭게 문을 연 가게들이 젊은 손님들에게 인기를 끌고 있다. 근처 골목에는 분식점이나 옷 가게가 몇 남아있다. 1990년대까지만 해도 보세 옷 가게들이 즐비해 제주시 멋쟁이들이 주로 찾는 곳이었다. 제주의 골목길을 다니다 보면 예상 밖의 가게들을 발견하는 재미가 있다.

13

칠성로
문화예술이 꽃피던 다방에서

제주시 원도심에서 문화의 중심은 칠성로(칠성통)다. 칠성로
는 제주 모더니즘의 꽃이 핀 곳이다. 제주시 칠성로를 걸으면
상상으로 시인, 소설가, 화가, 음악가 등을 마주칠 수 있다.
그들은 1950년대 칠성로 일대에서 활동하던 문화예술가들이
다. 6·25전쟁 당시 제주에는 십오만 명 정도의 피난민이 들어
왔다. 이때 많은 예술가들도 제주도로 왔다.

소설가 계용묵, 화가 이중섭, 화가 장리석, 시인이자 아동
문학가 장수철(〈제주신보〉 편집부장), 시나리오 작가 김묵(서북
청년단 활동, 〈제주신보〉 편집국장), 소설가 최현식, 김영삼(1958
년『제주 민요집』펴냄), 시인 박목월(제주대학교 국어국문학과 강

사, 라이너 마리아 릴케의 『젊은 시인에게 보내는 편지』를 교재로 사용), 화가 홍종명(제주의 화가 강태석, 김택화에게 그림을 가르침), 시인 문덕수, 음악가 김국배, 화가 최영림, 화가 김창열, 작곡가 변훈(시인 양중해의 시 「떠나가는 배」 작곡) 등 많은 예술가들이 칠성로에 머물렀다.

다방에 핀 꽃

소설가 계용묵은 우생당(서점 사장 고순하는 동인지 제작을 후원했다)과 동백다방을 거의 매일 드나들었다고 한다. 동백다방이라는 이름도 그가 지었다고 알려진다. 계용묵은 문학 동인 '별무리'를 만들고, 종합교양지 〈신문화〉(1952), 동인지 〈흑산호〉(1953)를 발간했고, 그 영향으로 동인지 〈아열대〉(1963)가 나왔다. 그가 칠성로에 있던 동백다방에 많은 시간 머물면서 제주의 문학청년들이 자연스럽게 그를 따랐다.

서울에서 명동이 다방을 중심으로 문화예술가들이 모인 곳이라면, 제주에서는 칠성로가 다방을 중심으로 문화예술이 이루어진 곳이다. 1950~1960년대 제주시 원도심 일대에 있던 다방은 제주문화의 중심지였다. 제주 최초의 다방 파리원, 상점 갑자옥, 제주 최초의 목욕탕인 일출목욕탕, 1964년 영화 '해녀' 촬영 당시 최은희, 박노식, 허장강 등의 배우들이 묵었

1960년대 칠성로 1950~1960년대 제주시 칠성로 일대의 다방은 제주 문화예술의 중심지
였다. 문학 토론회와 낭독회는 물론, 사진전, 전시회 등의 다양한 문화 행사를 도맡아 여는 곳
으로, 복합문화공간의 역할을 했다.

던 화신여관 등이 칠성로에 있었다.

1955년 〈제주신보〉 기사 중 "다방은 문화인에게 없어서는 안 될 생활의 '오와시쓰'(oasis)이다"라는 표현이 당시의 분위기를 잘 말해주고 있다. 칠성로, 관덕정 일대의 묘사는 김석범의 소설『화산도』나 현기영의 소설『지상에 숟가락 하나』에 잘 나타나 있다. 소설『화산도』에는 주인공 이방근이 칠성로 카바레 '신세기'에서 서북청년단 패거리들과 시비가 붙어 한바탕 싸움을 치르는 장면이 있다. 이 서북청년단 제주 본부 건물이 칠성로 한가운데에 있었다. 현기영의 소설『지상에 숟가락 하나』에는 원도심에서 보낸 소설가의 유년이 등장한다.

소라다방은 클래식 음악을 주로 틀어 고전적 분위기였고, 제주시 동문로 조일약국 근처에서 금강제화 자리 지하로 옮긴 산호다방에서는 토요구락부라는 이름으로 문학 작품 토론이나 낭독회가 열렸다. 이 다방에서 1969년 제8회 한라문화제 문학의 밤 행사가 열렸다. 1955년 고영일, 부종휴 사진전은 남궁다방에서 열렸다. 사진가 고영일은 아들 고경대와 함께 부자 사진가로 알려졌다. 부종휴는 김녕초등학교 재직 당시 학생들과 함께 꼬마탐험대를 만들어 만장굴을 탐험해 세상에 알렸다. 이곳에서는 또 제2회 전도바둑대회가 열리기도 했고, 특히 도내 정치인, 언론인이 많이 애용하기도 했다.

칠성로 현재 모습 시인 박목월, 화가 이중섭, 소설가 계용묵, 음악가 김국배 등 많은 예술가가 머물렀던 칠성로는 다양한 상점을 지닌 쇼핑거리가 되었다.

1961년 제주라이온스클럽이 시작된 곳은 청탑다방이었고, 1964년 사진가 홍정표의 제주 민속사진전이 열린 곳은 무지개다방, 1965년 제주카메라클럽 창립식이 열린 곳은 호수다방, 1965년 영주연묵회 서예전을 시작한 곳은 요안다실이었다. 0시싸롱은 지금의 대동호텔 1층에 있었다. 종업원 수가 예닐곱 명이 될 정도로 성행했다.

1970년대에 이르러도 다방은 여전히 예술가들의 무대였다. 화가 강요배, 백광익, 오석훈, 강광 등은 관점 동인을 만들어 관덕정 근처 대호다방에서 창립전을 개최했다. 강요배의 첫 개인전인 '각(角)'전(1976) 역시 대호다방에서 열렸다. 전문적인 갤러리가 없던 시절에 다방은 복합문화공간의 역할을 수행했다.

회심다방에서는 시와 사진 전시회가 자주 열렸다. 1978년 제17회 한라문화제 문학의 밤은 회심다방 차례였다. 근대화와 서구화를 동일시한 당시의 인식에는 도심의 다방이 모더니즘의 분위기와 잘 맞았을 것이다. 그 외에도 백록다방, 정다방, 원다방 등이 제주 예술 중심지의 위치를 차지한다.

영화관이 많았던 제주시

칠성로 옆 제주 탑동에서부터 중앙 로터리와 남문 로터리를 거쳐 광양 로터리까지의 거리를 제주시 중앙로라 부른다. 그곳은 1990년대 초반까지 제주시의 가장 큰 번화가였다. 제주의료원이 있던 자리에는 관청못이라는 연못이 있었고, 그 일대를 관청골이라 불렀다. 1970년대에는 소라다방을 중심으로 미술 전시, 음악 감상, 시 낭송 등이 이루어져 소라가라 부르기도 했다.

동문시장 입구에 있는 현대약국은 제주시청 부근의 탐라도서, 어머니빵집과 함께 1980년대 약속의 장소였다. 과장하자면 토요일 오후에 현대약국 앞에 서 있으면 초등학교 동창한둘이 꼭 지나갈 정도였다.

현대약국에서 한라산 쪽으로(제주도에서는 북쪽과 남쪽을 가리킬 때 각각 한라산 쪽과 바다 쪽이라 지칭한다) 조금 올라가면 제주서림이 있었다. 제주시에는 서점이 많았다. 우생당, 남문서적, 용담서적, 문예서점, 대성서점, 한성서점, 한라서적타운 등. 이 중 몇은 여전히 영업 중이다. 그중에서 제주서림은 중앙로 한가운데에 위치해 있었다. 현대약국처럼 약속의 장소로 많이 이용하던 곳이다. 요즘처럼 스마트폰이 없는 시절에 약속 시간을 정해놓고 책을 보며 기다릴 수 있었기 때문이다.

1990년대 제주 문구의 중심이었던 인천문화당 자리에 신성여자고등학교가 있었다. 1909년 신성여학교로 설립되었다. 독립운동가 강평국, 고수선, 최정숙이 이 학교 출신이다. 강평국은 도쿄여자의학전문학교 재학 중 검거되어 옥고를 치르다 숨졌다. 고수선은 경성의학전문학교를 졸업해 한국인 여의사 1호가 되었다. 1919년 만세운동 혐의로 체포되어 고문을 당했다. 최정숙 역시 학생 시위를 주도하다 서대문형무소에서 수감 생활을 했다. 경성여자의학전문학교를 졸업했고, 삼도동에 정화의원을 개업해 가난한 사람들에게는 무료 시술을 했다. 훗날 초대 제주도교육감이 되었다.

제주시 원도심에 있는 영화관도 문화 활동의 중심지였다. 메가박스 제주점은 아카데미극장이라는 이름으로 오래 이어져 오다가 멀티플렉스 영화관 흐름에 따라 이름이 바뀌었다. 제주극장, 현대극장, 동양극장(시네하우스), 피카디리극장, 탑동시네마, 코리아극장, 제일극장 등 많았던 극장들이 산업의 변화로 사라졌고, 지금은 메가박스 제주점이 거의 유일하게 원도심 영화관으로 명맥을 유지하고 있다. '바람의 파이터'의 양윤호, '카트'의 부지영, '지슬'의 오멸, '보통사람'의 김봉한, '써니'의 강형철, '관상'의 한재림 등 제주 출신 감독들도 한때 아카데미극장에서 영화를 보며 영화감독을 꿈꿨을 것이다.

1944년 개관해 무성영화 상영, 유랑극단 공연 등을 하던 제주극장이 뒤에 현대극장으로 이름을 바꿨다. 제주시 원도심의 상징적인 건물이었으나 개발의 이름으로 사라졌다. 현대극장은 영화 상영만이 아니라 정치 집회 장소, 강연, 연극 상연 등이 이루어지던 제주문화의 중심이었다.

제주극장은 제주도 최초의 극장으로 나운규의 영화 '아리랑'을 상영했다. 키가 작아 무릎을 꿇고 의자에 앉아 손뼉을 치며 '로보트 태권브이' 주제가를 목이 쉬어라 불러댔다는 아이는 훗날 영화감독(부지영)이 되었다.

14

보성시장
베지근한 제주의 맛과 책밭서점

제주에서 살다 보면 현지인들이 자주 가는 맛집에 대해서 묻는 경우가 종종 있다. 신기하게도 여행객들이 자주 가는 식당과 제주도 사람들이 자주 가는 식당은 약간의 차이가 있다. 입맛이 크게 다르지는 않을 텐데, 제주도 사람들은 여행객들이 많이 몰리는 식당은 찾아가기를 꺼리는 경향이 있다. 그래도 제주도에 여행을 와서 식사를 한다면 제주 전통 음식을 권한다. 몸국, 고사리육개장, 접짝뼈국, 회국수, 빙떡 등이다. 그리고 순대국밥은 보성시장과 서문시장에 식당들이 몰려 있다.

보성시장은 제주시 광양사거리 근처에 있는 작은 시장이다. 이 시장에는 감초식당, 대학로순대, 송미순대, 현경식당

등 순대국밥 식당들이 많다. 제주 돼지 뼈로 우려낸 국물이 베지근하다. '베지근하다'는 표현은 몸국, 고기국수, 순대국밥, 각재기국 등을 먹을 때 제주도 사람들이 일상적으로 쓰는 말이다. 제주어는 표준어와 일대일 대응이 되지 않는 말들이 많다. '베지근하다'도 그런 경우다. 가장 비슷한 표준어로는 '얼큰하다'가 맞겠으나, 뉘앙스가 조금 다르다. 진한 국물이 뱃속으로 들어가 따뜻한 느낌이 드는 것도 그 의미에 포함되어야 한다. 그 의미를 이해하는 가장 좋은 방법은 베지근한 제주 음식을 먹어보면 된다.

보성시장 순대타운과 현경식당

보성시장에 있는 순대타운은 제주대학교 학생들이 돈이 많이 없을 때 뒤풀이 장소로 애용하던 곳이기도 하다. 90년대 학번까지만 해도 이곳에 대학생들이 많이 찾았다. 이곳에서 돼지머리를 사서 신입생 환영회 때 고사를 지내기도 했다. 고사가 끝나면 그 돼지머리는 주머니 사정이 넉넉하지 않은 대학생들의 안주가 되었다. 안주가 떨어지면 "삼춘, 국물 호쏠만 더 줍써("삼춘, 국물 조금만 더 주세요"라는 뜻으로, '삼춘'은 제주도에서 남녀를 가리지 않고 친근한 부름으로 쓰는 호칭이다)"하면 국물 한 사발이 서비스로 나온다. 요즘은 그 시절을 그리워하는 사람들이 어느새 중장년이 되어 이곳을 찾는다.

제주에서 만드는 순대는 찹쌀순대다. 제주도 순대는 '수애'
라 부른다. 관혼상제가 있을 때 으레 나오는 음식으로, 돼지
창자에 채소나 찹쌀로 만든 당면으로 속을 채우고 선지로 색
을 낸다. 선지에 메밀가루를 섞어 드는데, 흔히 강원도가 메
밀을 많이 재배하는 곳이라 생각하지만 제주도가 전국에서 메
밀 재배를 가장 많이 한다. 또 다른 제주의 맛 빙떡도 메밀가
루로 만드는 음식이다. 제주도에서는 순대를 간장에 찍어 먹
는다.

선지에 메밀가루를 섞은 뒤 양의 내장에 채워 만드는 것
은 몽골식 피순대의 영향을 받은 것으로 본다. 혼례를 치를 때
돼지를 잡기 때문에, 돼지에서 소를 준비한다. 경조사가 있을
때 잡은 돼지고기를 나눠 안배하는 사람이 지금으로 치면 주
방장인 셈인데 그런 사람을 '도감'이라 불렀다. '도감'은 친척
중 연륜이 있으면서도 눈썰미가 좋은 사람이 맡아 음식을 나눴
다. 수애 중에는 씹는 맛이 좋은 막창수애를 으뜸으로 쳤다.

보성시장 내에 있는 식당 중에 현경식당은 제주도 문인들
이 자주 찾는 식당이다. 『순이 삼촌』의 소설가 현기영은 고향
제주도에 입도하면 가장 먼저 이 식당에 들르곤 한단다. 식
당 여주인은 문학소녀의 마음을 품고 있는 어르신이다. MBC

보성시장 입구(위)와 제주 순대 한 상(아래) 보성시장의 순대타운은 제주 현지인이 자주 가는 맛집이다. '수애'라고 부르는 제주도 순대는 관혼상제 때마다 즐겨 먹던 음식으로, 베지근한 국물의 순대국밥으로 먹거나 삶은 순대를 간장에 찍어 먹기도 한다.

라디오 프로그램 '여성시대'에 사연을 보내 장원이 된 적도 있다. 손님이 작가일 때 순대국밥을 더욱 푸짐하게 내놓을 것이다. '여성시대'에서 장원을 받은 주인도 이미 작가이기에. 그의 고향은 한림읍 상명리다. 어머니의 손으로 정성껏 음식을 준비해서 국물이 진국이다.

책밭서점과 동림당

보성시장 근처에 제주도에서 가장 오래된 헌책방이 있다. 책밭서점이다. 한때는 제주도 유일의 헌책방이었지만, 지금은 동림당, 구들책방 등의 헌책방이 몇 군데 더 생겼다. 동림당은 제주시 중앙로 메가박스 제주점 근처에 있고, 구들책방은 함덕리에 있다.

책밭서점은 교과서, 참고서, 문제집 등을 사고파는 곳이라서 제주도에서 학창 시절을 보낸 사람들에게는 추억의 장소다. 공간은 작지만 책들이 빼곡하게 천장까지 쌓여있다. 겨우 한 사람 지나갈 정도로 통로가 좁다. 어떤 책들은 잘못 건들면 와르르 쏟아질 수 있으니 조심해야 한다. 제주의 고서들도 제법 눈에 띄는데 귀한 만큼 고가의 책들이다. 최근에는 제주대학교 언론홍보학과에서 책밭서점의 가치를 알아보고서 책밭서점살리기운동을 펼치기도 했다. 학생들이 이 헌책방을 위

책밭서점 제주도에서 가장 오래된 헌책방이다. 참고서, 문제집 등을 사던 옛 추억은 물론, 제주의 고서도 많이 갖고 있어 제주도 사람들에게 헌책방 이상의 의미를 갖고 있다.

해 책밭서점의 책을 판매하는 행사를 열었다.

헌책방은 시간 여행을 할 수 있는 곳이다. 이제는 절판된 책들도 꽤 보인다. 한때 베스트셀러였으나 이제는 거의 잊힌 책들도 있다. 손때가 묻은 책들, 빛바랜 책들, 사연이 있을 것 같은 책들 사이로 거닐면 그때 그 책과 함께했던 시간으로 떠날 수 있다. 책을 펼치면 오래된 추억 냄새가 난다. 일요일에는 밭에 가야 해서 서점 문을 열지 못한다고 한다.

동림당은 메가박스 제주점 근처 건물 지하에 있다. 이름이

빵집 같지만 중고서점이다. 사장은 중국문학에 심취해 여러 고서들을 구해 읽다가 책들이 너무 많아 아파트 지하 주차장 한쪽을 빌려 책을 쌓아두었더니 지나가던 사람이 헌책방이냐고 물어서 그때부터 헌책방이 됐다고 한다. 처음에는 노형동 어느 아파트 지하에 있었는데, 아직 지상으로 오르지는 못했다. 책밭서점이 많이 알려진 반면 이곳은 비교적 알려지지 않았는데, 그 까닭이 책 애호가들 탓이라는 설도 있다. 입소문으로 동림당에 좋은 책들이 많다는 게 알려지기 시작하자 책 애호가들이 좋은 책들을 죄다 뺏길까 봐 기회가 되어도 알리지 않아 마니아들만 찾게 되면서 그렇게 됐다는 것. 주인장이 〈뉴제주일보〉에 '송재웅의 책 이야기'를 연재했다. 그가 말하는 책에 얽힌 사연들이 꽤 흥미롭다. 헌책에는 시간의 때가 묻어있으니 그 사연들이 오죽하랴. 일제강점기에 만들어진 그림엽서 책에는 제주도 관련 그림도 있고, 전설의 학생 교양 잡지 〈학원〉에 수록된 제주 출신 문인들의 학생 시절 작품들에 대한 내용 등을 신문에 썼다.

15

김영수도서관
백 년 된 학교와 마을을 사랑하는 도서관

제주북초등학교는 1907년에 개교했다. 몇 해 전에 '100주년' 을 맞이했다. 처음에는 제주공립보통학교였고, 이름이 심상 소학교였다가 북초등학교가 되었다. 제주시 삼도2동에 위치해 오랫동안 제주시 원도심의 아이들이 이 학교를 다녔다. 독립운동가를 비롯 여러 인물들이 이 학교 출신이다.

이 학교 20회 졸업생인 김영수 동문이 1968년 어머니의 구순을 맞이해 도서관을 기증하면서 김영수도서관이 생겼다. 낮에는 학교도서관으로 쓰이고, 저녁에는 마을 사람들이 이용한다. 제주도 도시재생지원센터에서 제주시 원도심 도시재생사업의 일환으로 추진되어 마을도서관으로 확대했다. 작년에는 대한민국 공공건축상 대상을 받았다. 옛 관사와 창고를 리모델링하면서 옛스러움과 현대적인 감각을 동시에 느낄 수 있다.

제주 역사의 현장, 제주북초등학교

제주북초등학교는 제주의 역사와 함께한다. 처음 개교할 때는 당시 윤원구 제주군수가 교장을 겸직했다. 이 학교를 최초의 근대식 학교로 보기 때문에 이곳은 제주 근대 교육의 발상지로 본다. 처음에는 제주목관아에 있던 영주관 건물을 학교 건물로 삼았다. 영주관은 조선시대에 관리들이 숙소로 사용하던 객사였다. 윤원구는 일제가 행정의 권한을 장악해오자 제주북초등학교 개교 이듬해에 군수직에서 사임했다. 한편 윤원구는 제주고등학교(구 제주농고)의 전신인 의신학교를 설립해 초대 교장이 되기도 했다. 의신학교는 조선시대 제주의 서원인 귤림서원 터에 있었다. 뒤에 의신학교는 농업학교의 모습을 갖추며 삼도동(전농로)으로 이전했고, 그 자리에는 오현학원이 들어섰다.

3·1운동 이듬해인 1920년 5월 25일, 제주공립보통학교 전교생이 만세운동에 참여했다. 그날은 부처님오신날이었다. 관음사에 소풍을 갔다가 돌아오는 길에 학생들이 독립창가를

제주북초등학교 1907년 제주보통학교로 개교해 백십오 년의 역사를 지녔다. 김연배, 김장환, 이승훈 등의 독립운동가를 배출했으며, 4·3의 도화선이 된 3·1절 발포 사건이 시작된 곳이기도 하다.

부르며 대한 독립 만세를 외쳤다. 조천만세운동에 참여하고, 항일운동을 펼쳤던 김연배, 김장환 등이 이 학교 출신이다. 김연배는 남강 이승훈의 적거지가 있는 조천리에 살았다. 이 승훈은 오산학교를 세운 독립운동가이다. 짧은 유배 기간이 었지만, 교회나 학교에서 민족정신에 대한 강설을 했다는 기록이 있는 것으로 보아 김연배는 남강의 영향을 받은 것을 보인다. 김장환 역시 조천리 출신이다. 1919년 휘문고등보통학교에 재학 중이던 김장환은 독립선언서를 숨기고 고향으로 돌아왔다. 1919년 3월 21일 아침 조천 미밋동산에 김장환을 비롯해 마을 주민 오백여 명이 모여 대한 독립 만세를 외치며 가두시위를 펼쳤다.

4·3의 도화선이 된 3·1절 발포 사건이 시작된 곳도 제주북초등학교다. 1948년 3·1운동을 기념하며 제주북초등학교에 모인 도민들은 관덕정 앞 광장으로 이동했다. 기마 경관이 탄 말에 어린이가 채여 넘어졌는데 경관이 그대로 가려고 하자 주변에 있던 군중들이 돌을 던지며 야유했다. 그때 경찰이 시위대를 향해 총을 쏘기 시작했다. 그 사건으로 여섯 명이 숨졌다. 해방으로 인한 인구 유입, 대흉년, 실업난, 콜레라, 미군정의 억압 정책 등으로 시달린 제주 사람들은 이 사건을 계기로 총파업에 들어갔다. 그러자 미군정은 좌익 계열의 사람들

에 대해 체포와 고문을 가했다. 그리고 이듬해 4월 3일 봉화
가 올랐다.

학교 도서관이 마을을 향하다

제주북초등학교 건물 한쪽에는 김영수도서관이 있다. 낮에는
학교 도서관으로 쓰이고, 저녁에는 마을 도서관으로 쓰인다.
학교의 창고와 관사를 활용해 마을 도서관으로 만들었다. 내
부가 한옥으로 되어 있어서 휴식을 취하며 책을 읽는 맛이 일
품이다.

작은 공간이지만 여러 방이 있어서 상황에 맞게 이용할 수
있다. 아무래도 초등학교 도서관이라서 아이들이 미로 탐험
을 하듯 이용할 수 있게 한 점이 매력이다. 옛 정취와 현대의
감각이 어우러져 세련된 분위기를 연출한다. 방 이름은 제주
설화 속 인물들로 구성했다. 2층에 올라가면 유리 벽 너머로
제주목관아의 풍경을 감상할 수 있다. 어느 자리에서든 집중
해서 책을 읽기 좋은 기운이 흐른다. 계단으로 된 그림책 공간
에서는 아이들이 한 계단 한 계단 오르며 책을 읽는다. 도서관
에서 책을 읽는 아이들을 보면 그 지역의 미래가 보인다. 김영
수도서관은 상량식을 할 때 아이들도 함께 참여해 마룻대를
만들었다고 한다.

김영수도서관 내부 제주북초등학교 졸업생 김영수가 1968년 건립 기금을 내면서 건립되었다. 낮에는 학교 도서관으로 쓰이고, 저녁에는 마을 사람들이 함께 이용한다. 내부 디자인 모티프를 한옥으로 삼아 옛 정취와 현대 감각을 모두 느낄 수 있다.

김영수는 일본 오사카로 가서 기업가로 성공한 인물이다. 김영수도서관이 한 독지가의 도움이 있었기에 가능했던 것처럼 제주도에는 일본으로 돈을 벌러 갔다가 성공해서 고향 마을에 도움을 주는 사례가 많다. 이는 섬 지역의 끈끈한 애향심에 의한 현상일 것이다. 척박한 고향 생활을 모르는 바가 아니기에 외면할 수가 없었을 것이다.

김영수도서관이 주목받게 된 것은 마을도서관으로서의 가능성을 이 도서관에서 확인했기 때문이다. 학교도서관으로 머물 것이 아니라 마을 주민들에게 문을 열어 둔 점이 주효했다. 마을도서관으로의 전환을 꾀한 사람은 동시를 쓰기도 하는 박희순 교장 선생님이다. 그 여러 의미가 모여 이곳은 국토교통부 주관 2020년 대한민국 공공건축상 공모에서 대상을 받았다.

제주도에는 박물관도 많지만, 도서관도 많다. 공공 도서관, 교육청 산하 도서관, 기적의 도서관, 작은 도서관 등 다양하다. 제주도 최초의 도서관은 원도심 삼도동에 있었던 제주도립도서관(1957)인데, 1996년에 연삼로로 신축 이전했다. 제주 전역에 다양한 도서관이 있지만, 원도심에는 김영수도서관이 거의 유일하다. 그것이 김영수도서관의 또 하나의 특별함이기도 하다.

김영수도서관 주변엔 무근성마을이 있다. 그리고 서울의 덕수궁 돌담길처럼 옛 관아의 고풍을 느낄 수 있는 제주목관아 돌담길이 있다. 한옥 도서관의 기품과 오래된 동네 풍경이 서로 조화를 이루면서 김영수도서관에서 새어 나오는 저녁 불빛이 따뜻하다. 저녁에 마을도서관이 문을 열면서 저녁이면 불빛을 내기 시작했고, 무근성마을의 한편도 밝게 빛나게 되었다. 제주시 원도심이 쇠락하면서 제주북초등학교 학생 수도 점점 줄어들고 있는데, 김영수도서관이 마을도서관으로 기능을 하면서 적막했던 학교 주변 골목길에 온기가 생겼다.

마을 도서관으로 운영되는 시간에는 자원활동가들에 의해 운영된다. 도서관과 책을 사랑해서 도움을 주는 자원봉사자들이다. 김영수도서관은 화요일이 휴관이고, 평일 방과 후 저녁 시간과 주말에 문을 연다.

16

월대천
외도 물길 20리와 정난주성당

제주도의 여러 마을은 용천수를 따라 형성되었다. 용천수는 땅 밑에서 지표면으로 솟아 나오는 물이다. 제주 사람들은 이 용천수에 의지해 살았다.

외도동에는 월대천이 있다. 용천수와 한라산 계곡물이 만나 사계절 내내 물이 맑고 시원하다. 이곳에는 월대(月臺)가 있다. 달빛을 받은 물을 보며 풍류를 즐기던 곳이다. 오백 년 넘은 팽나무와 이백오십 년 넘은 소나무가 곁을 지키고 있다. 여름에는 마을 사람들이 이곳에서 물놀이를 한다.

이 월대천을 중심으로 외도 물길 20리가 조성되어 있다. 월대천에서 출발해 알작지, 내도 보리밭길, 도근천, 어시천,

옛 수성사지, 마이못 등을 걷는 길이다. 물 흐르듯 걷노라면
물과 함께 시간이 흐른다.

물길 따라 걷는 외도 물길 20리

외도동은 비행기의 배를 볼 수 있는 동네다. 하루에도 여러 번
비행기가 지나가는 걸 꽤 가까이 볼 수 있다. 외도 하늘 위가
비행기의 길이기 때문이다. 외도는 동네 이름처럼 제주 시내
에서 서쪽 끝에 걸쳐져 있어서 제주시와는 생활권이 다르다.
그래서 제주시 전역에 퍼져 있는 웬만한 프랜차이즈가 외도동
한 동네에 집중해서 몰려 있다. 카카오택시가 나오기 전에는
외도 콜택시가 있어서 시내에서 외도를 오갈 때 이용했다.

외도동 사람들은 여름이면 월대천에서 피서를 한다. 월대
천에는 수령이 오백 년 넘는 폭낭(팽나무)이 있다. 폭낭이 곧
이 마을의 역사인 셈이다. 그 옆에 있는 소나무들도 나이가 삼
백 년 가까이 된다. 그래서 제주시에 있는 용연, 방선문처럼
시인묵객들이 물에 비친 달빛을 보며 풍류를 즐기던 곳이다.

예전에는 월대천에서 서귀포 강정천처럼 은어를 잡기도
했다. 요즘은 여름철에 가족 단위로 물놀이를 즐기는 사람들
이 많이 모인다.

외도동에는 올레17코스도 있지만 마을길 코스도 있다. 외

월대천 외도동을 흐르는 하천으로 용천수와 한라산 계곡물이 만나 사계절 내내 물이 맑고 시원하다. 달이 밝은 날, 달빛이 물에 비친 모습이 운치 있어 예부터 풍류를 즐기던 곳이기도 하다.

도 물길 20리. 월대천에서 출발해 알작지, 도근천, 연대마을, 마이못 등을 지나 다시 월대천으로 돌아온다. 내도동 마을 근처를 걸을 때는 봄에 보리밭 풍경이 근사하다. 맑은 날엔 한라산과 보리밭을 함께 감상할 수 있다. 걷는 동안 다리를 여러 번 건넌다. 왜 물길이라 하는지 알 수 있다.

외도동에는 고려시대에 아주 큰 사찰도 있었다. 지금은 터만 남은 수정사다. 절에 사노비가 백삼십여 명이었다고 하니 대형 사찰임을 알 수 있다. 큰 사찰로 알려진 서귀포시 하원동의 법화사와 함께 제주도의 큰 사찰로 꼽혔다.

이 수정사지에서 11세기의 청자를 비롯해, 18세기의 백자까지 출토되었다. 조선시대의 기록도 남아있는 것으로 보아 꽤 오랜 시간 자리를 지켰던 것으로 추측된다.

자르륵자르륵 알작지

알작지는 내도 바닷가에 있는 지명이다. 공항에서 가까우니 비행기 시간이 조금 남았을 때 잠깐 들렀다 가기 좋다. 알작지에는 동그란 알 모양의 몽돌들이 지깍이다. '작지'는 돌멩이를 뜻하는 제주도어다. 알작지의 자갈들은 한라산 계곡에서 출발해 월대천과 무수천을 따라 이동하면서 물살에 다듬어지면서 동글동글해진다. 오랜 세월 한라산에서 내려온 돌들. 갖은

알작지 내도 바닷가에 있는 몽돌 해안이다. 한라산 계곡에서부터 흘러온 돌들이 오랜 세월 동그랗게 다듬어져 쌓인 것으로, 돌이 파도에 부딪히는 소리가 아름다운 바다 풍경에 더해져 감탄을 자아낸다. '작지'는 제주어로 돌멩이를 뜻한다.

세파를 견디고 성격이 둥글둥글해진 사람처럼 알작지의 돌들은 미끈하고 부드럽다.

알작지는 몽돌 해안이다. 둥글고 반질반질한 돌을 몽돌이라고 한다. 알작지와 같은 몽돌 해안이 원래는 제주시 탑동 앞에도 있었다. 몽돌은 자연 방파제 역할도 했다. 하지만 지금 탑동 바다는 매립 공사를 해서 그 좋은 풍경을 잃었다. 매립 이전의 탑동 바다를 기억하는 사람들은 옛 제주의 해안선을 그리워한다. 그곳은 아이들의 놀이터이면서 어른들의 삶터였다.

얼마 전에 무근성이 고향인 김수열 시인이 오래된 제주도 지도를 한참 동안 바라보고 있었다. 손가락으로 짚어가면서. 그 지도는 낡고 빛바랜 지도였다. 손가락으로 짚다가 아이처럼 웃으며 내게 손짓했다. 여기 좀 보라며. 그것은 탑동 매립 전 해안선이었다. 그때로 돌아간 듯 활짝 웃었다. 그러면서 그 지도가 귀한 지도라며 고개를 끄덕였다. 고향 마을이 수몰된 사람처럼 어린 시절 놀던 바닷가가 매몰된 사람들은 옛 지도 한 장이 무척 반가운 것이다. 그 지도는 이우영 제작 지도로 탑동 바다를 매립하기 전의 제주도 북쪽 해안선을 확인할 수 있는 귀한 지도이다. 조정쇄본으로 현재 원도심에 있는 대동호텔에서 소장하고 있다.

고등학교 3학년 때 내도동에 살았다는 사람의 증언에 의하면, 새벽에 깨어 있으면 알작지에서 꽤 먼 곳에 집이 있었는데도 알작지 돌들이 파도에 자르륵거리는 소리가 들렸다고 한다. 그의 고향은 월정리인데, 월정리 한모살엔 조개들이 많았다고 한다. 월정리 한모살 부근에서 태어나 내도동 알작지 파도 소리 들으며 고등학교를 다닌 이 사람은 훗날 소설가가 되었다.

최근 ASMR이 유행이다. 제주 자연의 소리를 담아서 오디오로 듣는 걸 어디선가 본 것 같다. 제주의 소리를 담는다면 알작지 파도 소리를 넣으면 좋으리라. 파도가 몽돌들 사이로 들어가면서 가라앉는 소리가 파도의 자장가로 들린다. 자연의 악기가 들려주는 소리를 들으면 맑고 순수한 느낌을 받게 된다. 알작지 파도 소리를 녹음해두었다가 잠이 오지 않을 때 저장해 둔 소리를 틀면 잠이 스르륵 오지 않을까.

뚜럼브라더스의 노래 「알작지」는 내도동 알작지의 느낌을 표현했다.

동글동글 거멍 작지 / 동글동글 알작지 / 보름 부난 절이 치멍 / 동글동글 알작지

박혜원·박순동 작사, 박순동 작곡의 노래다. 동글동글한

몽돌이 파도를 머금은 노래다. 이 노래를 들으며 알작지 바닷가를 걸어보자. 음악과 몽돌에 스며드는 파도 소리가 섞여서 들려올 것이다.

제주어로 노래하는 뚜럼브라더스는 제주어를 알작지의 몽돌처럼 귀하게 다룬다. 제주어를 들어보면 귀엽기도 하다. "보름 부난 절이 치명 동글동글 알작지" 할 때의 '절'은 '파도'를 뜻한다.

자르륵자르륵 몽돌에 스며드는 파도 소리를 들었던 소설가는 이제는 그 소리가 들리지 않을 거라며 손사래를 쳤다. 알작지 가는 길에 풍경 좋은 곳마다 펜션과 찻집들이 가로막고 있기 때문이라고. 알작지의 분포도는 넓이가 점점 줄어들고 있다.

작고 조용한 정난주성당

이 동네에 정난주성당이 있다. 정난주성당은 작고 소박한 성당이다. 큰 성당이라면 멀리서도 십자가가 보일 텐데, 주택가 속에 있는 이곳은 담장이 없고, 마당이 놀이터처럼 개방되어 있다. 마을 사람들도 그 마당에 있는 넓은 평상 위에 앉아 담소를 나눈다. 가끔씩 마을 사람인 듯한 사람이 성모 마리아상 앞에 가서 기도를 하고 다시 총총히 걸어간다.

정난주성당 정약현(정약용의 형)의 장녀인 정난주를 기리기 위해 세웠다. 1801년 신유박해 때 제주로 유배를 온 정난주는 특출한 교양과 학식으로, '한양 할망'으로 불리며 제주도 사람들에게 존경을 받았다.

정난주의 아버지는 정약현이다. 정약용이 그녀의 숙부다. 열일곱 살 때 두 살 아래 황사영과 혼인했다. 어렸을 때부터 서학을 배웠고, 고모부인 이승훈으로부터 '마리아'라는 세례 명을 받았다. 이승훈은 우리나라에서 처음으로 천주교 세례 를 받은 인물로, 그야말로 서학의 가문이다.

신유박해가 일어나자 남편 황사영은 충청북도 제천 배론 골짜기로 피신했다. 정난주와 식구들은 바로 붙잡혀 감옥에 들어갔다. 남편 황사영은 과거에 장원 급제를 했고, 정조의 신임을 얻을 정도로 촉망받는 인재였으나 백서가 발견되면서 역적이 된다. 명주 비단에 적힌 백서에는 조선에서 천주교가 탄압을 받고 있으니 프랑스 군함이 조선을 공격해 혼 좀 내달 라는 말이 있었다. 그 일로 정난주 식구들은 뿔뿔이 흩어져 귀 양을 갔다. 그중에서도 정난주는 가장 먼 곳 제주도로 유배되 었다. 제주도로 오는 도중에 어린 아들마저 추자도에 두고 와 야 했다. 다행히 아들은 마을의 한 노인이 데려다 길렀고 훗날 그 후손들이 남게 되었다.

정난주는 서귀포시 대정읍 보성리에서 유배 생활을 했고, 정난주 마리아 묘는 대정성지에 있다. 정난주성당은 2009년 노형성당에서 분리되어 세워졌는데, 이름을 기려 그렇게 지 었다.

17

삼양동 선사유적지
청동기 시간 여행과 검은모래해변

삼양동 선사유적지는 청동기부터 초기 철기 시대에 걸쳐 형성된 큰 마을이 있던 곳이다. 바다와 가깝고 평탄한 지형이라서 살기 좋았을 것으로 보인다. 돌화살촉, 옥팔찌, 유리구슬, 돌도끼 등의 유물과 쌀, 보리, 콩, 비자, 도토리, 복숭아씨 등의 탄화곡물 등도 발견되었다. 약 이천 년 전의 생활 모습을 재현해두었다. 야외는 공원처럼 되어 있고, 박물관처럼 전시실이 있다.

머나먼 제주

제주도에는 선사시대 유적지가 몇 군데 있다. 고산리 선사유적지에서는 화살촉 등 신석기 유물이 출토되었다. 빙하기 이후 사냥을 하기 위해 활과 화살촉을 사용했는데 이 고산리에서 1,700여 점에 달하는 화살촉이 무더기로 발견되었다.

용담동에는 철제 장검이 출토된 것으로 유명하다. 용담동은 땅만 파면 유물들이 나온다고 한다. 땅속에는 선사시대 유적이 잠들어 있다. 철제 장검은 탐라에 큰 권력자가 있었다는 걸 보여준다. 용담동은 제주공항을 끼고 있는 동네다. 그러니 넓은 평지로 이루어졌다. 공항 확장 때문에 이주해 집을 짓다가 옹관을 발견한 적도 있다. 땅 주인은 그 옹관을 화분으로 쓰려고 했는데 다행히 지금은 제주국립박물관에 있다.

북촌 바위그늘유적지는 고두기 엉덕이라 불리기도 한다. '엉덕'은 깊지 않은 동굴 형상의 지형을 일컫는 제주어다. 삼천여 년 전 사람들이 이곳에서 살았다고 한다. 토기 골각기가 발견된 건 이해되는데 불에 탄 산야초 열매가 수천 년 지난 시간에도 확인이 되는 게 신기하다.

삼양의 옛 이름은 서흘개였다. 제주시 북동쪽 원당봉 아래 자리 잡은 마을이다. 삼양동 토지구획정리사업을 하던 중 토기가 출토되면서 선사시대 집터가 확인되었다. 사람들은 어로나 사냥을 했다. 도토리와 복숭아도 먹었다. 사랑하는 사람에게 옥팔찌나 유리구슬을 선물했을 것이다. 키가 5척을 넘지

삼양동 고인돌 근처 삼화지구 택지 개발을 하면서 삼양동 선사유적지 박물관으로 옮겨졌다. 제주식 고인돌은 여러 개의 지석을 빙 둘러 세우고 그 위에 덮개돌을 얹은 형태로 만들어졌다. 한반도와 다른 양식이다.

않는 작은 키였다. 움집에서 생활하며 아이를 낳아 키운다. 머나먼 제주의 일이다.

용담동은 고인돌의 마을이다. 제주도식 고인돌이라 불릴 정도로 한반도에 없는 양식의 고인돌도 있다. 여러 개의 지석이 있고, 그 위에 덮개돌을 올려놓은 모습이다. 바닥에선 곽지리식 토기가 출토됐다. 집 마당에도 있고, 제주사대부설고등학교 운동장에도 있다. 고인돌에는 일부러 낸 구멍이 있다. 별자리를 닮아 성혈이라 부른다. 무덤에 표시한 것이니 사후세계에 대한 표현인지도 모르겠다. 구멍은 여성의 성기를 나타내 다산과 풍요를 기원했던 것으로 보인다. 그러니 밤하늘의 별은 우주적 생산의 원천이라 생각했겠다. 해 질 녘에 삼양에 가면, 노을이 삼양동 선사유적지의 하늘을 추억처럼 물들인다.

검은모래해변 옆 미술관

삼양동엔 삼양해수욕장이 있는데, 검은모래해변이 독특하다. 여름이면 철분이 함유된 검은 모래를 찜질하는 사람들이 예전에는 풍속으로 불릴 정도로 흔했는데, 이제는 거의 보기 어렵다. 그래도 검은 모래가 특별해서 삼양검은모래해변으로 부른다. 제주시 삼양2동의 옛 이름이 가물개다. 감은 모살이라서 그렇게 불린 것으로 보인다.

　뜨거운 모래 속에 몸을 묻고 땀을 내는 모살뜸 풍습이 있었다. 뜨거운 모래가 신경통에 좋다고 알려져 생긴 민간요법이다. 제주에서는 칠월 백중에 모래찜질을 해왔다. 예전에는 이곳 모래로 배꼽 밑에 뜸질을 하면 아기를 못 낳던 여자가 아기를 갖게 된다는 소문이 나서 모래를 몰래 퍼가는 경우도 있었다.

　삼양해수욕장, 함덕해수욕장, 이호해수욕장 등은 시내와 가까워 여름에는 사람들이 많이 모인다. 그중에서도 삼양해수욕장은 검은빛 모래가 색다른 풍경을 선사하는데, 모래가

검은모래해변 삼양해수욕장은 철분이 함유된 해안의 모래가 검은빛을 내 검은모래해변으로 불린다. 뜨거운 모래가 신경통에 좋다는 민간요법이 전해지며 제주 사람들은 칠월 백중에 모래찜질을 하기도 했다. 모래가 곱고 옅은 바다가 넓어서 물놀이를 위해 많이 찾는다.

곱고 옅은 바다가 넓어서 아이들이 놀기에 좋다. 꽤 깊고 군데 군데 움푹 들어간 곳이 있으니 조심해야 한다.

삼양파출소 사거리에서 20분 정도 동쪽으로 가면 함덕고 등학교 근처에 김택화 미술관이 있다. 화가 김택화는 평생 제 주도를 그렸다. 그의 그림에는 제주의 풍경과 삶이 있다. 김 택화는 전쟁을 피해 제주도에 온 화가 홍종명으로부터 그림을 배웠다. 그래서 토속적이고 범신론적인 빛깔이 있다. 제주도 를 그리던 김택화는 개발로 말미암아 사라지는 풍경들을 안타 까워했을 것이다.

그의 그림에는 잃어버린 제주가 담겨있다. 온전한 제주가 있다. 미술관에는 화실 커피가 있다. 폐목이나 낡은 쟁반을 재활용해 만든 가구나 소품들이 아늑한 분위기를 만든다. 그 아늑한 분위기는 김택화의 그림과 많이 닮았다. 그림은 이제 추억으로 남아 역사가 된다. 김택화 그림 중에서 제주 바닷가 풍경 그림을 통해 삼양검은모래해변의 옛 모습과도 만날 수 있을 것이다.

18

수상한 집
간첩이 사는 집과 옛 귤나무

2020년 제주MBC에서는 3·1절 특집 다큐멘터리 '이쿠노구 아리랑'을 방송했다. 이쿠노구는 일본 오사카의 동남부에 위치한 곳인데 이곳에 한인촌이 있고, 특히 제주도 사람들이 많이 살고 있는 점을 바탕으로 제작되었다. 일제강점기에 제주항(산지항)에서 오사카까지 큰 배인 군대환(기미가요마루)이 다녔다. 이때 많은 제주도 사람들이 일본으로 갔다. 징용을 당해 가기도 했지만, 해방 이후에는 4·3 등의 정치적인 이유나 돈을 벌기 위해 밀항을 하는 경우가 많았다.

　제주도가 고향인 사람들은 친척 중에 일본에 다녀온 사람이 꼭 있을 정도로 일본을 삶의 터전으로 삼는 경우가 꽤 있었다. 일본에서 성공한 사람들은 고향 마을에 돈을 기부하고, 마을 사람들은 공덕비를 세우기도 했다. 지금도 제주의 마을 회관에 가면 이러한 비석을 쉽게 확인할 수 있다.

물론 영광만 함께한 것은 아니었다. 4·3을 겪고, 일본에서 머물 때 일본에 거주하는 친북한계 재일 동포 단체인 조총련과의 연관 등으로 제주도 사람들이 간첩으로 누명을 쓰게 되었다. 가족이나 친척이 4·3 때 돌아가셨다는 이유로 조사를 받고 간첩이 된 사람도 있고, 일본에 돈 벌러 갔다가 왔더니 간첩이 된 사람도 있다.

간첩이 사는 집

4·3 당시 이승만 정권과 미군정은 자신들의 권력을 강화하는 것에 제주도 사람들이 걸림돌이 된다고 생각하고 학살을 저질렀다. 그리고 그 이후 들어선 군사정권은 자신들의 체제를 견고히 하기 위해 죄 없는 사람들을 국가보안법의 이름으로 구속했다. 분단국가의 상황을 자신들의 정치 권력을 연장하는 것으로 이용한 것이다. 1990년대 초반까지만 해도 제주도 사람들은 4·3 관련 신원 조회를 통해 불이익을 당하는 사례가 있었다.

오래된 감귤나무를 품고 있는 도련동에는 '수상한 집'이 있

수상한 집 간첩으로 오해받아 억울한 옥살이를 한 강광보 씨가 출소 후 살 수 있도록 부모가 마련한 집이다. 슬레이트집을 그대로 보존한 채 3층짜리 건물을 지어 국가 폭력 피해자를 위한 공간으로 쓰고 있다. 찻집과 전시관이 있으며 게스트하우스도 운영한다.

다. 찻집 비슷한 느낌의 이 건물 이름은 '수상한 집 광보네'다. 국가 폭력 피해자를 위한 단체인 '지금 여기에'에서 힘을 모아 만든 공간이다.

이곳은 억울한 감옥살이를 한 강광보 씨가 출소했을 때 편하게 지낼 수 있도록 그의 부모가 마련한 집이었다. 이제는 조작 간첩 등 국가 폭력에 의한 피해자들을 기억하는 공간으로 쓰이고 있다. 원래 있던 슬레이트집을 그대로 보존하고, 3층 높이로 집을 둘러싸 공간을 만들었다. 조작 간첩에 대한 전시도 있고, 찻집도 운영하고, 맨 위에는 게스트하우스도 있다. 실제 강연도 종종 열리며, 4·3 관련 행사도 열린다. 한편에는 세월호를 기억하는 자리도 있다.

강광보 씨의 고향은 제주시 화북에 있는 곤을동이다. 곤을동은 4.3으로 인한 잃어버린 마을 중 하나이다. 강광보 씨는 제주 현대사의 비극을 온몸으로 견뎌냈다. 일본에 있던 백부를 따라 일본으로 돈을 벌러 갔다가 간첩이 되었다. 당시 일본에 있는 사람들이 조총련에 가입한 경우가 많았는데, 그들과 만났다는 이유 하나만으로 억울한 옥살이를 했다. 기억하기 싫은 기억을 다시 기억하는 공간을 만드는 일에 동참한 강광보 씨는 수상한 집에서 살고 있다.

건물 꼭대기에 있는 게스트하우스는 콘셉트를 실제 1970

년대 감옥의 분위기로 잡아 연출했다. 그곳에 누우면 신영복의 책『감옥으로부터의 사색』이 떠오를 것이다. 누군가에게 막 편지를 쓰고 싶어질 것이다. 1970년대에 주로 정부 기관에서 사용했던 전화기나 집기들이 보여서 자칫 레트로 감성의 찻집이겠거니 생각할 수 있지만 간첩으로 몰려 감옥 생활을 했던 때의 물건들이다. 박물관처럼 전시된 것들 역시 간첩을 콘셉트로 한 것들이다. 그때 간첩을 식별했던 표를 보면 주위의 모든 사람들이 간첩일 수밖에 없다. 이제는 무죄가 선고되었지만 오랫동안 간첩이라는 수군거림을 들으며 견뎌야 했다. 오래된 벽시계가 눈에 띈다. 잃어버린 시간을 어떻게 보상받을 수 있을까. 시계는 멈춰있다. 수감 생활을 하던 시간이 멈춰버린 시간이었던 것처럼.

강광보 씨 외에도 제주도에는 조작 간첩 사건이 꽤 있다. 강희철 씨는 1986년에 국가보안법 위반 혐의로 무기징역을 선고받고 십삼 년을 복역했다. 열다섯 어린 나이에 일본으로 갔기에 조총련에서 일하는 친척의 도움으로 학교를 다녔는데, 그 점 때문에 간첩이 되었다고 한다. 그는 재심을 통해 이십삼 년 만에 무죄 판결을 받았다.

김평강 씨는 검사로부터 사형을 구형받았다. 그의 부친은 삼양초등학교를 세운 인물이다. 아버지는 4·3 때 학교가 불에

기억의 질감을 통해 탁본한 한지 2020년 5월, 제주 조작 간첩 피해자들이 모여 '기억의 질감' 행사를 가졌다. 강제 연행된 곳, 고문받은 곳 등의 피해 장소를 한지에 탁본해 기록하는 이 작업은 국가 폭력에 대한 경각심을 재고하고, 피해자가 고통스러운 기억을 덜어내기 바라는 마음으로 치러졌다.

타자 불을 끄러 서둘러 학교로 간 이후로 돌아오지 못했다. 김평강 씨는 일본에 가서 여러 공장을 전전하다 조총련계 사람의 집에 잠시 기거한 적이 있는데, 그것을 빌미로 간첩이 되었다.

강광보, 강희철, 김평강, 오경대. 간첩으로 누명 썼던 이들이 모여서 최근에 한지에 탁본하는 작업을 했다. 간첩 혐의와 관련된 장소를 찾아 그곳의 질감을 기억할 수 있도록 탁본했다. 강제로 연행된 곳, 조사를 받으면서 고문을 받은 곳, 간첩 혐의를 씌우기 위해 말도 안 되는 현장 검증을 했던 곳 등을 찾았다. 그 자리가 완전히 사라지기 전에. 불법 수감되어 고문을 받았던 보안대의 쇠창틀과 시멘트 바닥을 탁본한다. 생각하기 싫은 기억일 텐데 왜 탁본을 하는 걸까. 이들이 고통스러운 그 기억들을 애써 반추하는 건 잊을 수 없는 그 기억을 조금이라도 위로해주고 싶기 때문일 것이다.

칠성로 안에 있던 안기부 건물에서 조사를 받고, 밤에는 제주항 쪽에 있던 헌병대 유치장에서 잠을 잤다는 증언도 있다. 탁본을 한 곳 중에는 산지등대도 있다. 그 등대 근처에 아는 상점이 있어서 그곳에 다녀왔는데 제주항과 등대를 탐지해서 북한에 정보를 보냈다고 조작하기도 했다. 이 산지등대는 간첩이 되기 위한 필수 코스라는 말도 들었다고 한다.

감옥에서 나와서도 수년 동안 경찰서에 정기적으로 가서

자신의 생활을 보고했다. 정보원을 통해 감시를 받았다. 제주도 사람들은 간첩으로 만들기 딱 알맞은 사람들이었다. 제주도에는 일제강점기부터 일본에 가서 일하는 사람들이 많았다. 오사카에는 제주도 마을이 형성될 정도로 제주도 사람들은 일본에 많이 갔다. 징병으로도 가고 4·3을 피해서도 갔는데, 그게 간첩으로 둔갑된 대부분의 이유였다.

재일 동포라는 경계인으로 살며 슬픈 기억을 특별한 방법으로 기록해 온 사람들이 있다. 부산에서 태어나 제주도에서 성장한 김시종 시인은 4·3을 피해 일본으로 건너갔다. 4·3의 참상을 고스란히 기억에 담고서, 늘 경계에서 시를 써온 김시종 시인은 일본의 대표 문학상인 다카미준상을 받았다. 대하소설 『화산도』를 쓴 김석범 소설가는 일본에서 제주를 생각하며 소설을 집필했다. 오사카에서 참화를 피해 피난 온 사람들에게 4·3의 진상을 전해 들었고, 계속해서 그 진상을 알리기 위해서였다. 마침내 『화산도』를 완결한 그는 제주4·3평화재단에서 제정한 4·3평화상 첫 회 수상자가 되었다.

옛 귤나무가 있는 마을

제주시 도련동. 주공아파트를 지나 전형적인 주택가가 펼쳐진다. 1980년대 유행했던 보급형 단층짜리 주택들이 모여 있는 마을이다.

이 마을은 귤나무와 인연이 있다. 제주도에서 귤은 삼국시대 이전부터 재배되었다고 한다. 지금 우리가 주로 먹는 온주밀감 말고 재래종 귤이 있었는데, 그 종류가 스무 종 이상이었던 것으로 추측된다. 그 재래귤나무들은 일본에서 개량한 품종인 온주밀감에 밀려 이제는 거의 남아있지 않다. 그래도 다행히 도련동에 몇 그루 있어서 천연기념물로 지정해 보호하고 있다.

도련동에 있는 천연기념물 귤나무는 당유자나무 두 그루, 병귤나무 두 그루, 산귤나무 한 그루, 진귤나무 한 그루 해서 모두 여섯 그루다. 원래는 일곱 그루가 있었는데, 몇 해 전에 산귤나무 한 그루가 고사했다. 이들 귤나무의 수령은 약 이백 년 정도 된 것으로 추정하고 있다. 병귤은 약재로 쓰여서 제주도의 옛집 우영팟(작은 텃밭)에 병귤나무를 심어놓은 곳을 꽤 볼 수 있었다.

조선시대 제주도에는 임금님의 감귤밭이 있었다. 이름은 금물과원. 왕에게 진상품으로 보내기 위해 특별 관리하는 과수원이다. 이런 곳이 약 마흔 곳에 이르렀다. 이곳은 군사로 하여금 과원을 지키게 했다. 당시 금물과원에 심은 귤은 금귤, 동정귤, 청귤, 당유자, 산귤, 당금귤 등 다양했다.

도련동 진귤나무 수령 이백 년 정도로 추정되는 재래귤나무. 삼국시대 이전부터 제주에서 재배되어 온 제주 재래귤의 원형을 볼 수 있는 역사적 가치를 지닌 나무다. 근처에 있는 당유자나무, 병귤나무, 산귤나무와 함께 천연기념물로 지정되어 보존되고 있다.

『탐라순력도』에는『감귤봉진』이라는 이름으로 제주목관아에서 임금에게 진상할 감귤을 포장하는 모습이 담긴 그림이 있다. 순력도에 실릴 정도로 감귤을 한양으로 보내는 일은 중요한 업무 중 하나였으리라. '감귤봉진'을 돋보기로 자세히 보면 목관아 가장 안쪽에 있는 망경루 앞에서 작업을 하고 있다. 망경루는 임금님의 은덕을 기리며 높은 곳에서 주위를 살필 수 있게 지어진 누각이다. 목관아 선과장인 셈이다.

굴은 비타민이 부족한 겨울에 귀한 과일이다. 피로 회복, 피부 미용, 고혈압 예방 등에 좋고, 말린 귤피는 차로 마실 수 있다. 기침을 낫게 하고, 기운이 위로 치미는 것을 가라앉게 한다. 굴에 대한 더 자세한 내용은 서귀포 신효동에 있는 감귤 박물관에 가면 확인할 수 있다.

19

곤을동
4·3으로 잃어버린 마을

곤을동은 제주시 화북1동에 있는 바닷가 마을이다. 바닷바람을 피하기 위해 돌담을 쌓고, 주로 멸치잡이 등의 어업을 하면서 살았다. 지금은 고요한 마을이다. 굴묵(굴뚝)에 불을 지피면 바다의 저녁이 찾아와 지친 파도가 숨을 고르며 소리를 냈을 해안마을. 풀숲 우거진 집터에서 아이들이 뛰어나올 것만 같다.

곤을동은 늘 물이 고여 있는 땅이라는 데서 이름이 붙여졌다. '곤흘동'이라는 표기도 있는데 이 '흘'이 북방계(고구려, 부여) 언어의 흔적이라는 말도 있다. 선흘, 와흘, 대흘 등 제주에는 '흘'자가 붙은 마을이 몇 있다. 제주는 고려시대에 탐라총

관부가 있어서 원나라에서 온 목자(牧子)들이 많이 살았다. 그 때 원나라에서 온 목자들이 가져온 언어의 흔적은 아닐까 생각한다.

곤을동은 4·3 때 잃어버린 마을이다. 대부분의 잃어버린 마을이 제주도 중산간 지역에 분포하는데, 곤을동은 드물게 바닷가 마을이다. 별도천을 따라 내려가는 길, 오현고등학교 옆길로 들어가 화북 비석거리를 지나 별도천 끝자락에 자리하고 있다. 별도천은 화북천이라 부르기도 한다. 조선시대에는 조천포구와 더불어 이곳 화북포구로도 많은 관리들이나 유배인들이 들어왔다.

원담에 핏물 그득한 그날 이후

곤을동 가는 길에 별도천이 있다. 별도천 옆에는 별도봉과 사라봉이 있다. 별도봉은 제주시에서 가까워 제주 시민들에게 친숙한 산이다. 몇 해 전부터는 산책로까지 조성되어 걷기 운동을 하는 사람들이 많이 찾는다. 별도봉 기슭에는 거상 김만덕 기념관이 있는데, 최근에 산 아래에 아주 크게 건물을 지었다.

제주에서는 하천을 '내창'이라 부른다. 땅 위와 아래로 흐르는 제주의 물은 하천이라는 말보다 내창이 더 잘 어울린다.

제주의 내창은 마치 창자를 드러낸 듯 큰 바위들이 엉켜있다. 곶자왈처럼 원시적인 모습을 간직하고 있다. 바위가 험해 트레킹은 무리이지만, 안전한 하천을 걸으면 제주의 새로운 모습을 경험할 수 있다. 천미천, 무수천 등의 하천이 종종 탐험가들을 부른다. 따라 걷는 내내 감탄을 부르는 효돈천은 유네스코 지정 생물권보전지역이다.

별도천은 예전에 '베릿내'라는 이름으로 불렸다. 아마도 그 이름을 나중에 한자로 바꾼 게 지금의 별도천이 된 것으로 보인다. 베릿내는 중문에도 있다. 이 이름은 '별이 내린 내'라는 뜻인데, 별도천도 그런지는 정확하지 않다. 낭떠러지가 있어서 '별도'가 되었다는 말도 있다. 별도천 물은 한라산 기슭 흙붉은오름에서 시작된다. 이 오름은 백록담 가까이에 있는데, 이름 그대로 오름의 흙이 붉다. 한자로는 토적악(土赤岳)이다. 흙붉은오름에서 발원하여 화북동으로 흘러와 형성된 하천이 별도천인 것이다.

별도천은 화북동 아이들의 놀이터였다. 제주의 여느 하천처럼 건천이지만, 곳곳에 꽤 깊은 물웅덩이가 많아서 여름에는 물놀이를 하기도 했다. 먹을 감을 때는 남탕과 여탕이 구별되어 있었다. 옷을 맨들락(홀랑) 벗기 때문이다. 그중에서도 원남수는 미니폭포도 있어서 아이들이 가장 많이 몰리는 곳이

별도천 화북천이라고도 부른다. 건천이지만 깊은 물웅덩이가 많아, 비가 온 후 여름이면 동네 사람들이 멱을 감거나 물놀이를 하기도 했다.

었다. 하류라서 그런지 물웅덩이가 제법 넓다. 평소에는 물이 말라 있지만 비가 내리면 물이 불어나 사흘 정도 물이 흐른다. 그럴 때 제주 사람들은 "내창 터졌다"라고 표현한다. 개구리를 잡다가 내창이 터져 사고를 당하는 아이도 있었다. 그래서인지 원남수에는 물귀신이 있다는 소문이 있었다.

별도천에 있는 원남수 폭포 밑 가장 깊은 곳에 가면 물귀신이 발목을 잡는다는 말이 돌았다. 발목이 잡히면 아무리 발버둥을 쳐도 물속으로 빨려 들어가 빠져나오지 못한다는 것이다.

바다 가까이, 잃어버린 마을

별도천 따라 걸으면 제주교육대학교 뒤로 원명선원이 있고, 별도봉 쪽으로 돌아가면 곤을동이 나온다. 제주도에는 '잃어버린 마을'이 많다. 4·3 당시 불에 타 사라진 마을들을 잃어버린 마을이라 부른다. 사람은 마을을 이루고 살아가게 되는데, 마을이 사라지고 사람들도 많이 목숨을 잃었다. 초토화작전을 통해 대량학살이 이루어졌다. 1948년 가을과 겨울에 여러 마을이 불탔다. 무등이왓, 삼밭구석, 조수궤, 함박이굴, 다랑쉬마을, 원지모르, 솔챙이왓, 조가동, 원동, 장기동, 영남동 등. 곤을동도 그중 한 마을이다.

화북 별도천을 따라 걷다가 오현고등학교 옆으로 난 길로 걸으면 화북포구 쪽으로 비석거리가 나온다. 비석거리는 제주도 여러 곳에 있는데, 화북포구는 조천포구와 함께 조선시대에 육지를 오가는 관문이었기에 비석거리가 형성되었다. 비석들은 제주목사나 제주판관의 공적과 석별을 기리기 위해 세웠다. 하지만 비석에 새겨진 인물들 중에는 과연 공적비를 세울 만한 인물인가 의구심이 드는 인물이 꽤 있다. 어릴 때 놀았던 비석치기를 떠올리며 바닷가 쪽으로 가다 보면 곤을동이 나온다.

곤을동은 제주의 여느 해안마을처럼 반농반어로 살아가는 마을이었다. 제주도에서 멸치 잡을 때 부르는 노동요가「멜 후리는 소리」인데 곤을동에 서 있으면 그 노래가 들릴 것만 같다.

1949년 1월 4일 군인들이 곤을동에 불을 질렀다. 덕수물, 안드렁물 용천수에 의지해 살아가던 마을 사람들의 집들이 불탔다. 공회당, 말방앗간도 불탔다. 이 사건으로 곤을동 모든 집이 전소되었고, 스물네 명은 불길 밖으로 나오지 못했다. 세워진 지 수백 년이 넘는 유서 깊은 마을은 군경에 의해 마을 이야기가 끊겼다.

별도봉엔 산책로가 만들어져 시민들이 많이 찾는다. 별도봉 둘레길은 평탄해서 걷기 좋다. 봄에는 산딸기가 많이 난

곤을동 전경 바다에 맞닿아 자리한 작은 바닷가 마을로, 오랜 시간 반농반어의 삶을 살았던 곤을동. 4·3 당시 군인들이 불을 질러 온 마을이 전소되었고, 끝내 잃어버린 마을이 되었다.

다. 그곳에 가면, 올레 사이로 아이들이 뛰어나올 것만 같다. 허물어지지 않은 것인지, 나중에 다시 쌓은 것인지 돌담들이 있어서 옛 마을의 분위기를 그나마 상상할 수 있다.

곤을동 앞 화북 바다에서는 지금도 보말을 잡는 풍경을 볼 수 있다. 보말은 삶아서 바늘로 안쪽을 찔러서 먹는데, 보말 수제비, 보말칼국수는 제주의 보편적인 음식이다. 보말을 잡아 삶던 곤을동의 저녁이 평화였다.

시인의 사원

곤을동에서 별도천을 건너 동쪽으로 더 가면 원명선원이 있다. 고은 시인이 머물렀던 곳이다. 고은은 1963년부터 원명선원에서 사 년여를 수행했다. 그는 그곳에서 금강고등공민학교를 설립했다. 1964년 제주에 머물면서 시집 『해변의 운문집』을 발간했다. 그의 첫 번째 시집 『피안감성』에 이은 두 번째 시집이다. 이 시집에는 별도봉 바닷가에서 찍은 시인의 사진이 실려 있다.

1953년 서울에서 태어나 열두 살 때 가난 때문에 제주도에 내려온 나기철 시인도 중학생 때 원명선원에 머문 적이 있다. 그곳에서 나기철 시인은 고은 시인과 운명처럼 만났다. 나기철 시인은 『섬들의 오랜 꿈』, 『남양여인숙』, 『올레 끝』, 『젤라의

원명선원 1952년 창건해 칠십여 년간 제주 불교의 역사를 지키고 있다. 시인 고은이 이곳에서 출가해 머물렀으며, 나기철이 중학교 시절을 보낸 곳으로 시인의 사원이라는 별칭을 얻기도 했다. 원명선원은 흔히 원명사라 불리지만 정식 명칭은 원명선원이다.

꽃』등의 시집을 냈다. 교직에서 퇴직한 나기철은 원명선원 가까이 위치한 우당도서관을 매일같이 찾아 시를 읽는다.

고은은 원명선원에 있는 동안 '일초'라는 법명으로 출가했다. 원명선원 부설 금강고등공민학교를 설립해 아이들을 가르치기도 했다. 제주에는 사찰에서 어린이집을 운영하는 경우가 많다. 원명선원도 오랫동안 유치원을 운영했다. 사찰유치원을 다닌 사람에게 어릴 적 추억을 물으면 공통으로 꺼내는 이야기가 있다. 수계라고 해서 불붙인 향을 손목에 찍는 의식이다. 천주교의 세례처럼 불교의 입문례 중 하나다. 경건한 의식이지만 깊은 뜻을 새기기에 아직 어린 아이들은 주사를 맞을 때처럼 두근두근 순서를 기다렸다가, 눈 딱 감고 참았다고 회상했다.

원명선원은 별도천 끝자락에 있다. 하천범람으로 자연재해 위험지구로 지정되어 철거 위기를 겪기도 했다. 별도천 따라 바다 쪽으로 가다 보면 원명선원가 나온다. 고즈넉하면서도 여러 우여곡절을 겪은 사찰은 파란만장한 삶을 닮았다. 그러한 풍파 속에서 시인은 사원에서 시를 썼다.

20

진아영 할머니 삶터
기억의 집과 선인장마을

제주시 한림읍 월령리의 옛 이름은 감은질이다. 검은 빌레가 있는 곶자왈 지대에 있는 마을이라 그렇게 불렸다. 지형이 반달형이라 월령이라 부르게 됐다는 말도 있다. 아주 오래전 일이다.

태평양 건너에서 구로시오 해류를 타고 온 씨앗이 제주도 바닷가 마을에 정착해 선인장 자생지가 되었다. 거센 바닷바람이 불고, 모래로 되어 있는 땅에서 선인장이 잘 자란다. 선인장은 원래 제주의 것이 아니지만 제주 마을의 돌담과 잘 어울린다. 어려운 환경 속에서 강인한 생명력으로 군락을 형성했다. 척박한 땅과 비극의 역사 속에서 마을을 이뤄 살아가는

진아영 할머니 삶터 전경 4·3 당시 토벌대가 쏜 총탄에 턱을 맞아 평생 후유장애를 갖고 살았던 진아영 할머니가 살던 곳이다. 할머니가 돌아가신 후 몇 해간 방치되었다가, 할머니의 삶을 기억하고자 보존 시켜 추모 공간으로 쓰고 있다.

제주도 사람들을 닮았다.

진아영 할머니 삶터가 있는 월령리는 선인장마을이다. 월령리 마을길을 걸으면 월령리가 왜 선인장마을인지 알 수 있다. 오래된 집 우영팟(텃밭)에 선인장이 있다. 선인장이 지붕까지 올라온 집도 있다. 약간의 흙모래만 있으면 자랄 수 있다. 마을 안쪽에는 '월령점방'이 있다. 제주도 마을에는 편의점처럼 마을마다 한두 개 정도 작은 가게들이 있었다. 생필품은 물론이고, 비상약, 문구도 팔았다. 이제 몇 남지 않은 제주의 점방이 귀하게 느껴진다.

무명천 할머니의 삶

바당올레라 불리는 올레14코스에 있는 무명천 할머니 삶터. 이 길에는 금능해수욕장과 월령리 바닷길이 있다. 비양도가 보이는 바닷가 풍경이 보여주는 모습은 그야말로 낙원이다. 이렇게 아름다운 바닷가 마을에도 4·3의 슬픔이 있다. 선인장마을로도 알려진 월령리 바닷길을 걷다 무심코 들어선 마을길에서 만나게 되는 삶터에서 예고 없이 할머니의 삶을 접하고 마음이 먹먹해지는 사람들도 있다.

진아영 할머니는 4·3 후유장애를 갖고 살아야 했던 생존 희생자였다. 최근에는 4·3트라우마센터가 건립되었지만, 피

진아영 할머니 삶터 내부 삶터 내부는 할머니가 머물렀던 모습이 온전히 보전되어 있다. 정갈히 정리된 세간들이 할머니의 생전 모습을 그대로 보여주고 있다.

해자들은 오랫동안 4·3으로 인한 상처를 숨긴 채 살아야 했다. 역사는 기억하는 사람들에 의해 존재한다. 삶터보존회의 봉사에 의해 무명천 진아영 할머니의 역사가 살아있다.

그날 진아영 할머니의 삶이 으스러졌다. 1949년 1월이었다. 제주시 판포리 고향 집 담장 밑에 있는데 토벌대가 쏜 총탄에 턱을 맞고 쓰러졌다. 겨우 목숨은 건졌지만 그날 후로 평생을 턱에 하얀 무명천을 두르고 다녀야 했다. 턱에 총상을 입어 말을 못 하고, 음식도 제대로 씹지 못해 힘들게 살았다. 친척이 살고 있는 지금의 월령리 집으로 이사해 살았다. 사람들은 이름 대신 '무명천 할머니'라 불렀다. 진아영 할머니는 약값을 벌기 위해 보말, 톳, 파래를 채취해 오일장에 내다 팔았다. 말년에 성이시돌요양원에서 지내다 숨을 거두었다.

할머니가 돌아가시고 삶터는 빈집이 되었다. 몇 년간 방치되어 웃자란 풀들과 담쟁이가 집 마당에 가득했다. 그 모습을 안타깝게 생각한 사람들이 삶터보존회를 만들었다. 할머니의 삶을 기억하기 위해서였다. 그렇다고 새로 건물을 올리지는 않았다. 생전 모습을 그대로 보여주는 것에 마음을 모았다. 소박한 공간이 주는 분위기는 할머니의 삶을 생각하게 한다.

집은 할머니가 머물렀던 그대로 온전히 보존되어 있다. 이제는 할머니가 계시지 않지만 할머니가 쓰던 물건들이 그대로 있다. 부엌과 작은 방에 있는 세간이 정갈하다. 방에는 할머니의 온기가 아직 남아있는 것만 같다. 벽에는 할머니가 생전에 입었던 한복이 걸려있다. 할머니의 삶을 추모하며 남긴 메모들이 가득하다. 할머니가 수돗가에서 물을 틀고 빨래를 하는 모습이 떠오른다. 봄이면 마당 한편에는 수선화가 살포시 핀다.

선인장마을

제주도에서는 집 마당에 선인장을 관상용으로 두는 문화가 있었다. 선인장의 가시가 액운을 막아줄 거라는 마음이었을까. 삼성혈의 고을라, 양을라, 부을라가 바다 건너에서 온 여인들을 아내로 맞이한 것처럼 물 건너온 것들이 제주도에 꽤 많이 정착하게 되었을 것이다. 고려 공민왕 시절 목호의 난이 일어났을 때 조정에서는 제주도 사람들과 몽골 사람들의 피가 다 섞였을 거라 판단한 것 같다. 그만큼 제주는 살기 위해 들어온 거라면 배척하지 않고 품어온 섬이다. 그 후 신축항쟁의 천주교, 4·3의 서북청년단 등을 겪으면서 제주도 사람들은 다른 지역에서 온 것들에 대한 거부 반응을 보였지만, 월령리 마을 풍경은 먼 나라에서 온 선인장과 조화를 이루면서 살아가는 제주도 마을 풍경을 우리에게 보여준다.

무명천 진아영 할머니 삶터가 있는 제주시 한림읍 월령리에는 바닷가에 손바닥선인장 군락지가 있다. 이 선인장은 멕시코가 원산지다. 해류를 타고 와 이곳 바닷가 마을에 정착했다. 문주란도 같은 경우에 해당된다. 제주시 구좌읍 하도리 토끼섬에는 문주란이 군락을 이루고 있는데, 문주란 역시 해류를 타고 왔다. 해류에 의존해 해상무역을 했던 탐라이기에 가능한 일이다. 월령리는 밭과 마을에도 선인장이 퍼져 말 그대로 선인장마을이 되었다. 마을 사람들은 집 울타리 주변에 선인장을 심어 놓으면 뱀이나 쥐가 들어오지 않는다고 여겼다.

월령리 바닷가 산책로 월령리 해안산책로를 따라 양옆으로 손바닥선인장 군락지가 펼쳐져 있다. 멕시코가 고향인 이 선인장은 해류를 타고 와 이곳에 정착했다. 월령리는 온 마을에 선인장이 퍼져 선인장마을로 불린다.

바닷가에 난 난간 위를 걸으면 양옆으로 선인장이 펼쳐져 있다. 휠체어를 타고도 산책하기 무리가 없다. 갯바위 사이에 선인장이 가득하다. 맑은 날에 바다가 그야말로 에메랄드빛이다. 산호모래 해변이라서 바다 빛깔이 더 곱다. 우도의 서빈백사와 함께 산호모래 해변을 볼 수 있는 곳이다. 그 맑고 푸른 바다와 검은 돌이 어우러져 눈부신 풍경을 보여준다. 선인장들은 바닷바람을 맞고 푸르게 자란다. 이 선인장 군락지는 천연기념물로 지정되어 있다.

사람 손바닥을 닮아 손바닥선인장이라 부른다. 척박한 환경에서도 잘 자란다. 갯바위에 쌓인 모래 위에서도 자란다. 여름이면 노란 꽃이 피고, 11월이면 백년초라 불리는 보라색 열매가 익는다. 이 열매는 소화기나 호흡기 질환에 좋다고 알려진 건강식품이다. 칼슘, 비타민 C, 식이섬유소 등이 월등하게 들어있다. 『본초강목』에도 백년초의 효능이 잘 기술되어 있다. 월령리에서는 백년초를 향료나 비누로도 만든다. 아이들은 선인장 비누 만들기 체험도 할 수 있다.

21

항파두리와 새별오름
고려 장군의 말발굽이 찍힌 곳

제주도는 몽골이 지배했던 땅이다. 원나라는 탐라에 탐라총
관부를 설치했다. 1273년 삼별초가 여몽연합군에 맞서 싸운
항파두리, 1374년 목호의 난 때 목호들과 최영 장군이 이끈
고려군의 격전지는 새별오름이었다. 이 전쟁의 무대였던 제
주도. 이곳에 사는 제주 사람들의 입장에서 생각해주지 않은
게 우리의 역사였다.

제주도는 오름의 섬이다. 약 삼백칠십 개의 오름이 있다.
날마다 오름에 오른다고 해도 제주도의 오름을 다 오르려면
일 년 넘게 걸린다. 오름은 제주도 사람들의 삶의 공간이다.
오름에서 먹을 것을 얻었고, 오름에서 말이나 소를 키웠다.

설문대할망이 치마폭에 흙을 담아 한라산을 만들다 흘린 흙이 오름이 되었다는 전설이 있다. 오름이라는 말은 몽골어에서 왔다는 말도 있지만, 우리말 '오르다'의 명사형일 거라는 말도 있다. 아무튼 둘 다 같은 어족(語族)에 있으니 어우러지다 흩어지며 쓰였을 것이다.

이야기는 토성(土城)처럼 쌓이고

제주도에는 삼별초에 얽힌 설화가 여럿 전해온다.

여몽연합군이 항파두리 내성의 성문을 열지 못하자 아기업게가 불을 피우면 성문이 녹을 거라 말해 성문을 열게 된다. 제주 속담 '아기업게 말도 귀담아들어라'라는 말이 이때 생겼다는 말이 있을 정도다.

여몽연합군이 성안으로 들어갔지만 삼별초의 김통정은 이미 도술을 부려 관탈섬으로 몸을 피했다. 그러자 도원수 김방경이 독수리로 변해 김통정을 따라가 죽인다. 애월읍 광령리에 있는 붉은오름은 김통정의 피로 물들어 흙이 붉다는 말도 전해온다. 항파두리 인근에는 김통정이 뛰어내려 생긴 발자국이 패여 생긴 샘물이라는 장군물이 있다.

항파두리 토성을 쌓으면서 부역의 나날을 보낸 사람들은 제주도 사람들이다. 삼별초가 제주도를 최후의 항전지로 삼

항파두리 토성 고려시대에 쌓은 것으로, 높이 5m, 너비 3.4m, 총길이 6km에 이르는 거대 토성이다. 삼별초 지휘부가 머물며 마지막까지 원나라와 맞서 싸운 항몽의 주요 거점이었다. 외성 안에 내성을 쌓아 올린 이중성의 구조였으나, 현재 내성은 흔적만 남아있다.

은 것에 제주도 사람들은 어떤 마음이었을까.

지금 항파두리 항몽유적지는 몽골에 대항한 호국의 이미지로 조성한 공원이다. 이곳에서 철제 갑옷 파편, 청동촉, 청백자 등 여러 유물이 발굴되었다. 열두 동가량의 건물터가 있는 것으로 보아 제법 규모를 갖춘 것으로 보인다. 토성 위를 거닐면 그날의 함성이 들리는 듯하다. 흙을 나르며 고단한 하루를 보내는 주민들의 한숨도 들린다.

샛별에 오르면

새별오름은 제주시 애월읍 봉성리에 있다. 공항에서 중문으로 가는 평화로에 있어서 찾아가기 쉽다. 주차장이 넓고, 꼭대기가 입구에서부터 훤히 보일 정도로 우거진 숲이 없어서 오르기가 비교적 수월하다. 오름의 서쪽 등성이는 가파르고, 동쪽 등성이는 비교적 완만한 편이다. 가을에는 억새가 바람에 물결을 만든다. 꼭대기에 오르면 날씨가 맑은 날엔 한라산과 비양도가 보인다.

새별오름의 이름은 샛별에서 유래되었다. 새별오름에 오르다 보면 파란 하늘에 떠 있는 흰 구름이 비 온 뒤 나뭇잎처럼 깨끗하다. 큰 나무가 없어서 탁 트인 풍경이 시원하다. 주차장에는 푸드 트럭이 있긴 하지만 보온병에 커피를 담고 간

새별오름 샛별에서 이름을 딴 새별오름에서는 매년 3월에 멋진 들불 축제가 열린다. 주변에 큰 나무가 없어 탁 트인 풍경을 만끽할 수 있고 쉽게 오를 수 있어 인기가 많다.

다면 오름에 앉아 커피 한 잔의 여유를 즐길 수 있다. 쉬지 않고 오르면 30분 만에 정상에 도착할 수 있다. 힘들지 않은 코스라서 연인끼리 손을 잡아주기 적당한 경사다.

고려 말 목호의 난 때 최영 장군이 이끈 고려군이 제주도에 왔을 때 이곳 새별오름에서 전투가 이루어졌다. 당시 최영은 전함 300여 척에 대군을 이끌고 제주도에 도착했다는데, 당시 많은 병력을 동원한 것은 어떤 의미일까. 제주도 사람 전체를 적으로 간주한 걸까.

명월포로 들어온 고려군은 첫 전투에서 의외로 목호군에게 패배했다. 하지만 이후 전투에서 고려군은 승전했고, 목호 세력은 새별오름을 거쳐 범섬까지 가서 완패했다. 이때 최영이 개경을 비운 사이에 공민왕이 시해되었다. 이때 열 살이었던 우왕은 최영이 곁에 있어 주기를 간곡히 요청했다. 그래서 요동 정벌을 가려는 최영을 붙잡았다. 이 때문에 이성계가 위화도회군을 이용해 조선을 개국할 수 있었다고 전해진다. 그래서 조선의 개국을 탐라와 연관 짓기도 한다.

22

금산공원
오름과 곶자왈 사이 어디쯤

제주도에는 두 개의 금산공원이 있다. 제주시 아라2동에도 있고, 제주시 애월읍 납읍리에도 있다. 금산(金山)이라는 이름은 나무를 보호하려는 마을 사람들의 바람이 담겨있다. 아라2동 금산공원에 있는 무환자나무는 천연기념물로 지정되어 있다. 숲에 있는 나무들 중에는 수령이 삼백 년 넘는 나무도 있다.

　제주시 애월읍 납읍리 숲에 있는 금산공원은 여느 곶자왈과는 조금 다른 분위기를 느낄 수 있다. 원시적이면서도 사람의 손길이 전해온다. 숲의 기운이 안개처럼 마을로 흩어진다. 전설에 따르면, 옛날 납읍 마을에 불이 자주 나서 마을 사람들이 걱정이었는데, 그 원인이 금악봉이 훤히 보이는 것에 있다

금산공원 자연림이 원형을 잘 보존하고 있는 금산공원은 공원 전체가 천연기념물로 지정되어 있다. 난대림지대의 숲으로 난대림식물 200여 종 서식하고 있어 제주의 보물 숲으로 꼽힌다.

보고 원래 돌무더기 땅이었던 그곳에 액막이로 나무를 심기 시작해서 숲을 이루게 되었다고 한다.

　제주의 옛사람들도 제주의 자연경관에 감탄하며 지냈을 것이다. 물이 있고, 바위가 있는 곳이면 휴식을 취할 공간을 마련했다. 명월대도 그중 하나로 팽나무와 푸조나무 군락에서 풍기는 기운이 명월대와 그 옆 돌다리 위에 머문다. 청풍명월 명월리의 분위기를 느낄 수 있으며, 근처 명월진성이나 명월국민학교와 함께 둘러보기 좋다.

학교가 곧 마을

교육에 대한 열의는 마을에 대한 사랑의 시작이다. 납읍리에도 1924년 갑자의숙(후에 납읍개량사숙)이 개설되었고, 1946년에 납읍초등학교가 사장밭에 개교했다. 하지만 1948년 12월에 4·3으로 인해 학교 건물이 전소되어 문을 닫아야만 했다. 그리고 1950년에 향사에 다시 문을 열었고, 1954년 지금의 위치에 학교를 세웠다.

　작은 학교 통폐합 정책에 밀려 제주도의 많은 학교들이 폐교가 되었다. 학교가 사라지면 마을의 공동체가 휘청거린다. 학교살리기운동의 일환으로 빌라를 세웠는데, 납읍초등학교가 있던 자리에 들어섰다. 그래서 이름이 '금산학교마을'이다.

납읍초등학교 학생 수가 적어 폐교될 뻔한 것을 학교 주변에 빌라를 세워 아이들을 늘리는 '학교살리기운동'을 통해 살렸다. 푸른 잔디와 아기자기한 학교 건물이 어우러져 교문에 들어서면 감탄부터 나는 곳이다. 2001년 전국 아름다운 학교 대상에서 대상을 수상했다.

이제는 학생 수 백 명 남짓의 학교이니 납읍리 주민들의 초등학교 사수 작전은 어느 정도 성공한 셈이다. 마을의 학교살리기운동은 곧 마을살리기운동이다.

납읍초등학교는 위치를 정확히 모른 채 찾다가 발견했을 때의 인상이 강하게 남는 학교다. 고원지대의 마을 골목길을 걷다가 탁 트인 사원을 맞닥뜨린 느낌이 그러할까. 마추픽추의 아이들이 운동장에서 놀고 있을 것 같은 기운이 느껴지는 학교가 납읍초등학교다. 2001년에 전국에 있는 학교들을 대상으로 아름다운 학교 대상을 진행했는데 그 첫해 대상을 받은 곳이 이 학교다. 교목인 후박나무가 운동장 한편에 아름드리나무로 울창하게 자리하고, 푸른 잔디가 바람이 불면 잔물결을 일으킨다. 운동장에 서면 금산공원이 한눈에 보인다.

이 숲에 무슨 비밀이 있어서 숲의 기운이 계속 마을로 퍼지는 걸까. 납읍초등학교에서 바로 옆으로 납읍리 난대림지대가 이어진다. 납읍리는 구릉에 세워진 마을로, 그래서 중산간 마을이면서도 평원의 기운을 풍긴다. 난대림은 아열대기후와 온대기후의 경계지역에 나타나는 삼림으로 상록활엽수림이 발달한다. 납읍리는 사람, 학교, 숲이 함께 어우러져 사는 마을이다.

숲을 지닌 마을처럼 아름다운 마을이 또 있을까. 멋진 정원을 지닌 마을이다. 금산공원을 거닐면 숲의 기운을 만끽할 수 있다. 납읍리는 중산간마을의 전형적인 분위기를 풍기면서도 납읍리만의 기운이 있다. 납읍리 남대림 지대는 천연기념물로 지정되어 보호를 받는다. 이 난대림지대에 금산공원이 조성되어 있다. 금산공원에 가면 도시의 공원과는 사뭇 다른 정취를 느낄 수 있다. 종가시나무, 후박나무, 생달나무, 참식나무, 아왜나무, 동백나무, 메밀잣밤나무, 밤일엽, 쇠고사리, 산호수, 자금우 등이 모여 있다.

금산공원은 약간의 경사가 있어서 오름과 곶자왈의 중간계를 거니는 기분이 들게 한다. 난간이 조성되어 있어서 걷기에 편하다. 혼자 걸어도 새소리와 나뭇잎 사이로 내리는 햇빛의 간지러움 때문에 적막하지 않다.

특별한 점은 난대림지대 안에 마을 포제단이 있다는 것이다. 납읍리에서는 마을제를 곶자왈에서 지낼 정도로 이 숲을 신성하게 여긴 것으로 보인다. 유림의 문화가 들어온 납읍리에서는 음력 정월 초하루에 마을제를 지낸다. 마을제뿐만 아니라 옛날 선비들은 이 숲에서 시를 짓거나 휴식을 취했다.

찔레꽃 핀 들길을 따라 만나는 명월리

난대림지대에서 서쪽으로 가면 금성천이 나온다. 이 금성천은 금성리 바다로 흐른다. 금성리는 옛날에 잣담이 성처럼 쌓여 있었다고 한다. 금성리 옆 곽지리에는 금빛신협이라는 작은 은행이 있다. 금괴를 많이 보유하고 있을 것만 같은 이름이다.

다시 귀덕리를 지나 더 서쪽으로 가면 명월진성이 나온다. 제주도에는 원래 제주읍성, 정의읍성, 대정읍성 이렇게 세 곳의 읍성이 있었고, 조천진성, 별방진성, 서귀진성 등 아홉 곳의 진성이 있었다. 그 진성 중 한 곳이 명월진성이다. 명월진성은 1510년 제주목사 장림의 주도로 쌓았다. 비양도 인근에 출몰하는 왜적의 침입에 대비하기 위함이다. 제주도 방어 유적의 모습을 확인할 수 있다.

명월진성에서 서남쪽으로 조금만 더 가면 명월대가 나온다. 금산공원처럼 숲의 기운을 물씬 풍긴다. 명월대는 마치 UFO 착륙장 분위기를 내는 곳이다. 이곳은 조선시대에 유림이나 묵객들이 풍류를 즐기던 곳이다. 명월대 주변에는 팽나무가 군락을 이루고 있다. 명월대는 제주시 오라동에 있는 방선문처럼 시인과 묵객들이 시를 읊으며 놀던 곳이다. 분위기가 조금 으스스하지만 그것은 수백 년 된 팽나무와 푸조나무 군락이 풍기는 분위기 때문에 그런 것일 터.

찔레꽃 핀 고향 제주도를 그리워하는 노래 「찔레꽃」을 부른 가수 백난아가 이곳 명월리에서 태어났다. 이 노래가 나온 해는 1941년이다. 이난영이 부른 「목포의 눈물」(1935)도 그렇고 나라 잃은 슬픔 속에서 고향에 대한 애수를 지닌 노래들이 크게 공감대를 형성했다. 해마다 이 고장에서는 백난아 가요제가 열리면서 제2의 백난아를 기다리고 있다.

명월리에는 명월국민학교가 있다. 폐교된 학교를 백난아 기념관과 카페로 바꿨다. 이곳에서 바라보는 노을도 근사하다. 초등학생 시절로 돌아가 운동장을 걸어도 좋고, 졸업사진 찍듯 건물 한편에서 기념사진을 찍기 좋은 장소다. 카페 조명과 오래된 학교 건물이 묘하게 어울리는 풍경을 보여준다.

명월대 근처에 세워진 다리는 1910년경에 축조되었다. 시냇물 소리 가늘게 들리는 그곳에서 보이는 명월대에서 가수 백난아는 노래했을까. 청풍명월에서 마을 이름을 딴 명월리 사람들의 노랫가락 따라 목청을 다듬었을 그 목소리로. 원래는 자연석 위에 석축을 쌓았다는데, 현대에 이르러 콘크리트 처리를 하였다. 팔각형의 반석과 인근에 세워진 석교(石橋)는 제주도에서는 흔하지 않은 모습의 돌다리다.

나무를 보다 눈을 감으면 직박구리처럼 숲속에 묻혀 살고 싶은 생각이 들 것이다.

23

산천단과 1100고지
한라산과 함께 사는 사람들

예전에 제주대학교 입구 사거리에는 회전 교차로에 큰 소나무한 그루가 있었다. 하지만 지금은 소나무는 온데간데없이 사라지고, 회전 교차로는 직선화된 신호 교차로로 바뀌었다.

제주대 앞을 지키던 소나무는 해송인데, 제주대학교 학생들이나 시민들은 외솔나무라 불렀다. 수령이 백오십 년 정도된 나무였는데, 도로 공사를 하면서 없애버렸다. 제주도의 소설가 조중연은 장편소설 『탐라의 사생활』에서 외솔나무를 상징삼아 제주도를 움직이는 검은 세력에 대한 음모를 제기한다.

제주대 입구 사거리에서 한라산 쪽으로 조금 더 올라가면산천단이 있다. 산천단은 한라산신제를 지내는 곳이다. 처음에는 한라산 정상에서 산신제를 올렸는데, 얼어 죽거나 부상을 당하는 경우가 많아 조선시대 이약동 제주목사 재임 시절에 한라산 입구인 이곳에서 제를 지내도록 했다. 조선시대 목사 중에서 보기 드문 선정이다. 이약동은 오현단에 있는 귤림서원에 제향되었다. 산천단엔 아름드리 곰솔나무가 있어서 공원으로 산책하기 좋은 곳이다. 겨울에 눈이 쌓이면 수묵화를 보여준다.

한라산에게 올리는 큰절

한라산신제는 탐라 시대부터 한라산 백록담 북쪽 기슭에서 봉행 되어왔다. 조선시대에 이르러 산 아래인 산천단에서 제를 지내게 되었다. 농사의 재해예방을 기원하거나 기우제를 올리기도 했다. 현대에는 도지사의 주관으로 제를 올리기도 한다.

산천단에 있는 곰솔은 수령이 무려 오륙백 년가량 된다. 곰솔은 해송이라 불리기도 하는데, 원래는 바닷가에서 바닷바람을 맞으며 자라는 소나무다. 가장 큰 것은 키가 30m에 달한다. 이 키다리나무 중 몇 그루는 철제 구조물에 의지하고 있다.

한라산신제는 2월에 지내기 때문에 제물을 지고 백록담까지 오르는 일이 무척 힘들었을 것이다. 1470년 제주로 부임한 이약동 제주목사가 제주도 사람들의 노고를 덜기 위해 한라산

한라산신고선비 산천단에 남아있는 비석으로 '한라산 신에게 제사를 지내던 터'라는 뜻이다. 본래 한라산신제는 매년 2월 백록담에서 올렸으나, 그 과정에서 사람이 얼어 죽는 등 사고가 끊이지 않자 조선시대 부임한 이약동 제주목사가 산 아래 지금의 산천단에 묘단을 건립했다고 전해진다.

올라가는 길옆에 제단을 만들었다. '한라산신고선비', '목사이약동선생한라산신단기적비'가 세워져 있다. 처음에는 무속 의식을 치르던 산신제가 조선 후기에 이르러 유교식으로 진행되었다.

이약동은 청백리로 칭송을 받았는데, 이런 일화도 전해온다. 제주도에서 임기를 마친 이약동 목사는 서울로 돌아갈 때 제주도에서 생긴 물건들을 모두 두고 갔다. 막 배를 타려고 하는데 손에 든 말채찍이 눈에 들어왔다. 다 두고 간다고 생각했는데 말을 탈 때 쓰는 말채찍이 손에 있었던 것이다. 그는 그 말채찍 또한 관물이라 여겨 다시 돌아가 제주성 성벽에 걸쳐 놓고 떠났다고 한다. 후에 채찍이 오래되어 썩은 그 자리에 채찍 모양을 그대로 본 떠 돌에 새겨 귀감으로 삼았다. 그 바위를 '괘편암(掛鞭岩)'이라 불렀으나 그 흔적은 전하지 않는다.

산천단은 아라동 역사문화탐방로 중 한 부분이다. 산천단 뒤로는 소산오름이 있다. 오름은 편백 숲을 이루고 있다. 근처에 구암굴사, 칼다리폭포, 고사리평원 등이 있다. 구암굴사는 소산오름 자락에 있는데, 석굴 속에 법당이 있다. 삼의악 지나는 산길을 걸으면 여름에는 산수국이 파란 나비들이 앉아 있는 것처럼 나풀거린다. 칼다리폭포는 비가 많이 온 뒤에야 폭포 물이 내린다.

별빛누리공원에서 1100고지까지

산천단에서 제주대학교 쪽으로 내려가다가 선돌목동길로 가면 별빛누리공원이 나온다. 탐라는 섬이기에 바다에서 배를 탈 때는 별에 의존했다. 성주(城主)를 성주(星主)라 불렀고, 북두칠성을 신앙으로 받들었던 칠성에 대한 지명 등만 봐도 제주는 별을 사랑하는 섬이었다. 이러한 곳에 있는 천문 관측소는 천지왕 본풀이가 있는 옛 제주의 이야기와 연결 지어 별 이야기를 펼칠 수 있는 적소다.

저녁에 별빛누리공원에 가면 600㎜ 카세그레인식 반사망원경으로 행성, 성단, 성운 등을 관측할 수 있다. 낮에는 태양의 흑점, 홍염을 볼 수 있다.

별빛누리공원에서 나와 산록북로를 타고 가다 보면 최근에 명소로 떠오른 오라동 메밀밭이 있다. 이곳은 사유지라서 메밀, 청보리, 유채 등 농작물이 바뀌니 그해에 심은 작물을 확인하고 가야 한다. 제주 여행객들에게 수국 플레이스가 인기를 끄는 것과 같이 이곳도 사진을 찍으려는 사람들에게 각광을 받는다. 이곳은 곧 1100도로로 이어진다.

제주도에는 일명 도깨비도로라 불리는 신비의 도로가 몇 군데 있다. 분명히 오르막으로 보이는데 깡통이 아래로 구르지 않고 위로 올라간다. 과학에서는 그 현상을 착시현상으로 보는데, 그러한 착시효과가 나타나는 까닭은 한라산 때문이다. 우리의 눈은 너무 높거나 큰 모습은 우리 눈으로 확인 불가능하도록 왜곡한다. 저 한라산을 우리의 눈으로 어찌 감당할 수 있겠는가.

제주도 골프장에서 사용하는 용어 중에 '한라산 브레이크'라는 말이 있다. 한라산의 영향으로 그린에 보이는 경사가 눈에 보이는 것과 실제가 다르다는 것이다. 제대로 퍼팅을 했다고 생각했는데, 공이 엉뚱한 방향으로 흘러가는 경우가 많다고 한다. 그래서 제주 출신 캐디의 도움을 받거나 경사도를 확인하는 애플리케이션을 사용하는 골퍼들이 있다고는 하는데 골프를 쳐 본 적이 없어서 잘 모르겠다.

도깨비도로는 1100도로 입구에서 300m 정도의 구간을 말한다. 중립 기어를 놓고 차를 세워두면 차가 언덕을 거슬러 오르는 체험이 가능한 곳이다.

1100도로는 가장 높은 곳의 해발고도가 1,100m인 데서 이름이 붙었다. 1100고지는 설경이 특히 유명하다. 눈부신 설경을 보기 위해 겨울에 많이 찾는 곳이지만, 단풍이 드는 가을도 아름답다.

1100고지습지는 람사르 습지로 등록된 곳이다. 물영아리오름, 물장오리오름처럼 물이 있어서 평온한 마음으로 산책하기

1100고지의 설경 가장 높은 곳의 해발고도가 1,100m인 데서 이름 붙은 1100고지는 설경이 특히 유명하다. 눈 구경이 쉽지 않은 지역인 터라 1100고지의 눈부신 설경은 여러 조건이 잘 맞아야 구경할 수 있는 특별한 경치다.

좋다.

이곳에 백록상이 있다. 백록은 백록담 이야기에 전해오는 흰 노루다. 이 백록은 심성이 어질고 효심이 극진한 사람에게만 보인다고 하니 이 글을 읽는 누군가가 백록을 발견하기를 바란다. 그리고 그 옆에는 산악인 고상돈 동상이 있다. 고상돈은 우리나라에서 처음으로 에베레스트 등정에 성공한 사람이다. 1100도로 일부 구간은 고상돈로라 명명했는데, 해마다 가을이면 고상돈을 기리는 걷기 대회가 열린다.

24

관음사와 천왕사
절로 가는 길에서

제주도에는 올레길만 있는 게 아니다. 천주교 제주교구 순례
길, 절로 가는 길도 있다. 절로 가는 길은 제주도에 있는 사찰
을 찾아가는 길이다. 사찰로 가는 길이라는 뜻인데, 절에 가
면 저절로 된다는 그런 의미도 된다. 누가 지었는지 이름 참
잘 지었다. 절로 가는 길에서 저절로 가다 보면 절에 도착할
것만 같다. 천왕사를 거치는 절로 가는 길은 관음사에서 출발
해 천왕사, 선녀폭포, 어리목, 윗세오름을 지나 존자암으로
가는 길이다.

〈제주불교신문〉칼럼 '정토의 아침' 필진으로 참여를 한 적
이 있다. 불자도 아니고 불교를 잘 알지도 못하면서, 제주민

예총 편집위원을 하면서 알게 된 이병철 기자(현 BBS 제주불교방송)의 요청을 멋모르고 수락하고 말았다. 뒤늦게 후회하며 이러구러 쓰고 있는데, 동시를 쓰는 김희정 작가가 운영하는 산길불교용품점에 가서 『왕초보, 불교 박사 되다』(민족사, 2008)라는 책을 구입하려고 했더니 〈제주불교신문〉을 구독하던 김희정 작가가 나를 이상한 눈초리로 쳐다보던 기억이 떠오른다. 그렇지만 나의 할머니는 승복 같은 옷을 입고 다니는 불자였다. 할머니와 같은 패션이 예전에는 아주 흔했다. 내가 불교신문에 칼럼을 쓰는 것을 만만하게 볼 수 있었던 건 우리 생활에 깊숙이 들어와 있는 불교문화의 영향이라고 변명할 수 있다.

승복을 입은 유격대

제주 불교는 제주의 무속신앙 속으로 들어가 자리를 잡았다. 1909년 관음사를 창건한 여승 봉려관에게도 전설처럼 전해오는 이야기가 있다. 봉려관이 배를 타고 비양도에 가다가 풍랑을 만나 위험해졌는데, 그때 봉려관이 염불을 외워 관음보살의 신력으로 풍랑이 멎었다는 이야기다.

제주설화에 자주 등장하는 사찰 이름 '괴남절'을 관음사로 추정하고 있다. 관음사는 원래 고려 문종 때 창건이 되었으나 조선시대에 이르러 훼철이 되었다가 봉려관이 새로 절을 지으며 옛 이름을 복원한 것으로 보인다.

제주시 화북에서 태어난 봉려관은 전라남도 해남군 대흥사에서 수계를 받아 비구니(여자 승려)가 되었다. 관음사 말고도 서귀포 법정사도 창건했다. 법정사는 항일운동을 일으킨 사찰이다. 그뿐만 아니라 관음사는 4·3 당시 토벌대와 유격대의 격전지이기도 했다.

한라산에서 거처를 옮기며 저항하던 유격대는 한때 어승생악을 본거지로 삼았다. 그래서 어승생의 지류에 위치한 관음사는 보급로의 중심에 있었기에 유격대의 전초기지인 셈이었다. 그리고 토벌대는 관음사를 탈환해 어승생악으로 진출할 수 있는 교두보로 삼고자 했을 것이다. 1949년 1월경 토벌대가 관음사로 침투를 개시했다. 이때 관음사를 지키고 있던 유격대 대장은 북촌리 출신의 김완식이었다. 처음에는 의외로 유격대가 우세했다. 토벌대가 관음사에 들어왔을 때 이미 유격대는 주변에 은신하고 있었고, 주지 스님이 혼자 목탁을 두드리며 염불을 외고 있었다고 한다. 어리둥절한 토벌대와 달리 관음사 주변의 지형지물을 이용한 토벌대의 승리였다. 후퇴하던 토벌대 중 경찰 한 명이 떨어뜨린 기관총을 다시 주우러 돌아오자 유격대는 무사히 보내주며 그의 용감함을 칭찬

관음사 제주 삼십여 사찰을 관장하는 제주 불교의 중심 사찰이다. 고려시대 창건한 것으로 추정되는 이곳은 오랜 역사와 더불어 곡절을 많이 겪었다. 1909년 중창해 4·3 당시 토벌대와 유격대의 격전지가 되며 모든 전각이 전소되기도 했다. 1969년부터 재건을 시작해 지금의 모습이 되었다.

했다는 일화가 있다. 심기일전한 토벌대는 집중포화를 가하며 다시 들이닥쳤고, 패배를 직감한 김완식은 다른 대원들에게 투항하라 명령하고, 자신은 북촌 학살로 잃은 부모를 생각하며 자결했다. 이때 투항한 대원 중에 이세진 스님이 있는데 주정공장에 수용되었다가 제주 바다에 수장되었다.

관음사를 점거한 토벌대는 관음사에 불을 질렀다. 열세 살에 관음사에 기거했던 광순 스님의 기억에 따르면 관음사가 불탈 때 마른하늘에 갑자기 천둥 번개가 쳤으며, 불상이 불탈 때는 큰 폭발음이 났다고 한다. 관음사가 화마에 휩싸일 때 한 신도가 불길 속으로 들어가 목조관음보살좌상을 갖고 나왔다. 그 불상은 지금 관음사 대웅전 삼존불 오른쪽에 봉안되어 있다. 이 불상은 원래 해남 대흥사에 있던 것인데 봉려관이 제주도로 갖고 왔다. 유연하고 단아한 모습을 보여준다. 관음은 관세음을 줄여 부르는 말인데, 관세음은 '세상의 소리에 귀를 기울인다'라는 뜻이다. 세상을 향한 열린 마음이다.

아흔아홉골 아래 지은 천왕사

한라산에는 아흔아홉골이 있다. 깊은 산에 있을 법한 지명이다. 어승생악 동쪽에 형성된 크고 작은 골짜기들을 아흔아홉골이라 부른다. 이 골짜기 중 금봉곡 아래 천왕사가 있다. 이곳은 계곡이라 습기가 많고, 좀 으스스한 느낌도 있다. 제주의 여느 풍경과는 사뭇 다른 기운이 있다.

관음사에서 조금 더 한라산 쪽으로 들어가면 천왕사가 나온다. 천왕사 가는 길에 펼쳐진 편백과 삼나무는 차를 멈추게 한다. 걸으면 조금 멀긴 하지만 걸어도 좋을 길이다. 편백 향이 몸을 감싼다. 종교와 상관없이 사찰에 가면 뭔가 마음이 정화되는 느낌이 든다. 어느덧 천왕사에 도착하면 계곡에 세운 사찰이 주는 선선한 기운과 함께 무상(無相)의 마음으로 걷게 된다.

대웅전 뒤편에는 용바위가 있다. 이 큰 바위가 주변의 울창한 숲과 어우러져 절경을 이룬다. 사찰 입구에는 약수터가 있고, 골짜기를 따라 올라가면 선녀폭포가 나온다. 가을에는 단풍이 짙게 물든다. 이곳도 미디어의 영향으로 찾는 이가 부쩍 늘었다. 동기야 어쨌든 천왕사에 가면 마음도 나무처럼 푸르게 흔들린다. 천왕사 부근에는 석굴암이 있다. 석굴암은 가족들의 안녕을 기원하는 치성을 드리는 곳이다.

관음사 부근에는 한라산 등반을 하는 탐방로 중 하나인 관음사 코스 입구가 있다. 한라산 등반 코스 중에서도 힘든 코스이다. 오르다 보면 예전에 석빙고로 썼던 구린굴이 나온다. 사람마다 차이가 있겠지만 백록담까지 다녀오는 데 8시간 이

천왕사 한라산 아흔아홉골 중 하나인 금봉곡 아래 있다. 역사가 길지 않은 사찰이지만, 주변을 둘러싼 기암과 계곡, 울창한 숲과 어우러져 그림 같은 풍경을 간직한 곳이다. 가는 길목의 삼나무숲길도 유명하다.

상은 염두에 두기 바란다. 힘들지만 한라산을 오롯이 느낄 수 있다. 봄에도 산 정상 부근에는 눈이 쌓여 있을 수 있기 때문에 여름이 되기 전에는 아이젠이 필요하다. 관음사 탐방로가 힘들 것 같으면 성판악 탐방로를 권한다.

최근에는 한라산 등반 탐방 예약제가 시작되었다. 입장하는 사람 수를 제한하는 제도이다. 성판악 입구는 거의 매일 주차 전쟁이었는데, 탐방 예약제가 진행되면서 주차 문제가 어느 정도 해결이 되었다. 날씨가 수시로 바뀌며, 기온이 뚝 떨어질 수도 있으니 비옷과 여벌 옷을 준비할 필요가 있다.

신령들이 살고 있다는 영실(靈室)에 존자암이 있다. 한라산 1100도로를 통해 갈 수 있다. 영실 입구부터 오르다 보면 산속에서 일주문이 맞이한다. 쌍계암 선덕사에서 남국선원과 법정사를 지나 존자암에 오르는 '절로 가는 길'이 있다. 존자암 주변에 있는 계곡에서 흐르는 물소리가 푸른 나뭇잎에 빛나 맑게 들린다. 존자암과 어우러진 한라산 풍경은 그림엽서가 따로 없다.

25

금오름과 벵듸못
벵듸못에 비친 금오름 속으로

금악리는 오름 이름이 마을 이름이 된 마을이다. 금악리에는 벵듸못이 있다. 벵듸못 앞에서 바라보는 금오름은 사진 찍기 좋은 풍경이다. 제주도는 마을마다 오름을 하나쯤 갖고 있다 해도 과언이 아니다. 마을 사람들은 오름을 먹고 산다. 그 오름에서 소, 말을 키우고, 고사리도 꺾고, 산열매를 따 먹고, 약초도 캔다.

  금악 하면 금빛 음악이 들리는 것 같다. 오름과 연못의 화음이 귀를 적시는 마을. 귀 기울이면 튜바, 트럼펫, 호른 등의 금관악기 소리가 들려올 듯하다. 그런데 '금악'의 '금'은 원래 거문고(琴)를 뜻한다는 말도 있다. 크고 고운 손을 가진 누군가가 금오름에 올라앉아 마을을 연주한다면 현악기 소리가 날지 모른다.

오름이 품은 마을

아닌 게 아니라 금악리는 음악을 닮은 마을이다. 거문고 타는 여자의 모습을 닮았다고 해서 붙은 금물악(琴勿岳)에서 파생된 '금악(今岳)'이라는 오름 이름이 그대로 마을 이름이 된 것이다. 이는 제주에서도 매우 드문 사례. 한 마을에 금오름, 정물오름, 세미소오름 등 여덟 개나 되는 오름들이 높은음자리표처럼 자리하고 있다. 제주도 오름을 좋아한다면 금악리에 머물며 매일같이 오름을 올라보아도 좋을 것이다.

"내 고향에서 보여줄 것은 노을"이라던 영화 '변산'의 한 대사가 떠오른다. 금오름에서 바라보는 노을이 아름다워 가수 이효리는 노래 「Seoul」의 뮤직비디오를 금오름 정상에서 촬영했다. 이효리는 제주 이주의 상징적 인물이다. 원시성이 있는 금오름 꼭대기 금악담을 배경으로 '서울'을 희구하는 환상적인 모습을 보여준다. 최근에 탐방객들이 많이 늘어난 것은 그 때문이다. 금오름이나 정물오름에 오르면 금악리가 오름들 사이에 형성된 평야 지대에 세워진 마을이란 걸 실감할 수 있다. 금오름에 해가 지면 그 아랫목으로 금빛 바람이 분다.

벵듸못 금악리에 있는 큰
연못으로, 옛날 한라산에
서 멧돼지가 내려와 땅을
헤치고 습지를 만들어 놀
던 자리를 물통으로 만든
곳이라는 이야기가 있다.
맑은 날이나 해가 질 무렵
수면에 비친 마을 전경과
금오름이 절경이다.

금빛 바람이 부는 곳에 사람들이 살기 시작한 것은 지금으로부터 약 사백칠십여 년 전인 1550년 즈음으로 거슬러 올라간다. 옆 마을 상명리에 살던 사람 몇이 금악으로 이주해 웃동네와 알동네에 살면서 마을이 형성되었다.

처음에는 수류촌(水流村)이라 불렸다. 수류촌은 말 그대로 물이 흐른다는 뜻에서 붙은 이름인 것으로 보인다. 지금도 벵듸못, 정물샘, 세미소 등 연못이 많다. 물과 광활한 목야지가 있는 중산간마을 금악리에서 일찍부터 목축이 행해진 것은 그러한 천혜의 자연환경 덕분으로 보인다. 고려 때 몽골에서 온 목자(牧子)들이 이 마을에 많이 살았다는 이야기도 어디선가 본 것 같다.

마을 어귀에 들어서자 골목마다에 빼꼼 숨어 있던 옅은 안개가 슬그머니 미끄러져 나온다. 아침 공기가 벵듸못을 스친다. 마을 길이 촉촉해진다. 멀리 희끗희끗하게 금오름이 신비감을 자아내며 드러난다. 금오름은 낮과 밤 다른 빛깔을 보여준다. 마을에서, 연못가에서, 오름에서 각각 보여주는 빛깔이 닮은 듯 다르다. 벵듸못 가에 서서 금오름을 바라보면 한라산과 제주 바다를 바라보는 듯 아름답다.

금악로터리를 중심으로 리사무소와 금악초등학교가 있다. 벵듸못을 지나 걸으면 기혜마트가 나온다. 주위를 둘러보면 오래된 집들도 보이고, 푸른 돌담도 오랜 세월을 말해주고 있다. 금악초등학교 버스정류장 앞에는 큰 폭낭(팽나무) 몇 그루가 있다. 그 나무를 사이에 두고 여러 갈래 길이 나온다. 마을 군데군데에는 머쿠슬낭(멀구슬나무)이 있는데, 마을 삼춘들은 종종 그 나무 그늘에 앉아 바람을 맞는다.

오소록 들어간 마을, 잃어버린 마을

금악4·3길을 걷는다. 제주도에 4·3의 슬픔이 없는 마을이 어디 있겠느냐만 금악리에는 잃어버린 마을들이 모여 있어서 4·3길이 만들어졌다. 패러글라이더가 착륙하는 넓은 잔디밭에 4·3센터가 있다. 그곳에서 출발해 중가름으로 간다. '가름'은 마을을 뜻하는 말이다. 마을길을 지나 산길로 조금 올라가면 이내 중가름에 도착한다. 이 마을은 4·3 당시 불탔다.

오소록이로 가는 길. 주위엔 밭이 펼쳐져 있다. 농작물을 보면서 옛날에도 이 밭에서 농사를 지었을 금악리 사람들을 떠올렸다. 오소록이는 오소록(으슥하게)하게 들어갔다는 의미거나 검은 매가 살던 마을이라는 의미일 거라고 추측하고 있다. 이제는 집터였다는 걸 말해주는 대나무만 남아 바람에 흔들린다. 오소록 들어간 곳에 마을을 이루었으나.

오소록이 가는 길에는 하르방당이 있다. 금오름에 내려온 한라산 신이 좌정한 곳이다. 이 한라산 신은 사냥과 목축의 신이다. 아들 열여덟, 딸 스물여덟을 낳고, 손자 일흔여덟을 보았으니 다산과 축복의 신이다. 아들, 딸, 손자 모두 이웃 마을의 당신(堂神)이 되었다.

중산간마을에 소개령이 내려졌을 때 금악리에 있는 작은 마을도 불탔다. 돌담과 대나무와 올레길이 그날을 증언해주고 있다. 웃동네, 동가름, 새가름도 잃어버린 마을이다. 다 금오름 주변에 있었던 마을이다. 이 모든 비극을 바라본 금오름은 얼마나 슬펐을까. 길을 걷다 보면 생이못이 나타난다. 생이(새)가 마실 수 있을 정도로 적은 물이 있어서 생이못이지만 4·3 당시 산에 숨어 있던 사람들의 중요 식수였다고 한다. 정말 새가 되어 산속에 숨어 있던 사람들이 생명을 잇던 물이다.

금오름에 오르면 분화구(암매, 금악담) 근처 풀숲으로 가려진 진지동굴을 만나게 된다. 일제가 태평양 전쟁에 대비해 파놓은 그곳에서 4·3때 사람들이 숨어 있었다. 하지만 그들도 발각이 되어 목숨을 잃었다. 4·3 영화 '지슬'도 일부 그곳에서 촬영했다고 한다.

금악4·3길에는 당들이 많다. 하르방당, 할망당, 처녀당(아미당) 등 마을 사람들은 당에 가서 소원을 빌곤 했을 것이다. 지금도 할망당을 찾는 마을 사람들이 있다. 포제단도 있어서

금오름 금악리는 오름들 사이 평지에 자리한 마을로 여덟 개의 오름이 마을을 감싸고 있다.
그중에서도 금오름은 백록담을 닮은 산정화구호를 가져 한라산을 닮은 오름으로 유명하다.
비현실적인 아름다움으로 이효리를 비롯한 여러 가수가 뮤직비디오를 찍기도 했다.

254

음력 정월에는 마을 사람들이 제를 준비했다. 예전에는 제관들이 제를 지내기 일주일 전부터 함께 기거하며 몸과 마음을 깨끗이 하여 정성을 들여 제를 지냈다. 마을 사람들이 희망을 품고 지냈을 장소가 그래도 사라지지 않아 옛날의 아픔을 위로하는 것 같다. 돌, 나무들이 다 신성한 모습으로 세월을 굽어살피고 있다.

1950년 6·25전쟁이 발발하자 예비검속이라는 이유로 많은 사람들이 또 목숨을 잃었다. 송악산 섯알오름 일본군탄약고 터에서 학살되었다. 무고한 사람들의 시신이 만벵듸에 안장되어 있다. 백조일손지묘와 함께 묘역이 조성되어 4·3 순례객들이 찾는다.

제주 사람들은 4·3 이야기를 애써 말하려고 하지 않는다. 금오름과 벵듸못에서 자란 아이들은 커서 어른이 되어 수눌음으로 밭일을 하며 음식을 하면 마을 사람들과 함께 나눠 먹었다. 벵듸못 주변으로 마을들이 만들어지고 농사를 짓고 목축을 하면서 순박하게 살던 사람들. 4·3의 비극 속에서 절규를 하다 쓰러져간 사람들의 넋이 금악4·3길에 서려 있다.

금악리에서 4·3으로 인해 삼백여 호의 집이 없어지고, 백오십여 명의 주민이 학살되거나 행방불명이 되었다. 마을 사람들은 명월리에 가서 임시 머물다 몇 년 뒤에 마을을 재건했고, 웃동네, 중가름, 오소록이동네, 별드르, 별진밭, 새가름, 각생이내, 동가름 등은 끝내 재건하지 못했다. 별진밭은 별이 내려와 비옥한 땅에 붙는 이름이다. 이름만큼 아름다운 마을이었을 것이다. 다시 가고 싶어도 가지 못하는 금악리 사람들의 마음이 오죽하겠는가. 가면 슬픔으로 집을 지을 것 같은 잃어버린 마을을 천천히 지난다.

금악리에는 눈물의 이야기들이 모여 있어서 그 길을 걸으면 그날의 눈물이 뱅듸못 물처럼 가득하게 된다. 그래도 이제 산책하듯 걸어도 좋겠다. 외면하는 것보다 자주 찾고, 자주 말하는 게 낫지 않겠나. 돌멩이 하나, 풀 하나 사진도 찍고 하면서 기록하고 기억하는 길이 이곳 금악4·3길이다.

성이시돌목장과 한림수직

맥그린치 신부가 제주도에 온 것은 1954년이다. 6·25전쟁 이후 살길이 막막했던 그때 맥그린치 신부는 한림에 목장을 만들었다. 그것은 한 마리 돼지로부터 시작되었다. 돼지에 이어 소 사육도 했다. 맥그린치 신부는 성이시돌목장의 성공 원인을 제주도민의 협동과 성실에서 찾는다.

면양을 키워 명품 '한림수직'을 만든 것도 성이시돌목장의 성과였다. 가난 때문에 육지로 일하러 갔다가 목숨을 잃은 소

성이시돌목장 6·25전쟁 직후 삶이 어려워진 제주도 사람들을 위해 맥그린치 신부가 만든 목장. 돼지와 소를 사육하고, 이어 면양을 키워 옷과 담요 등을 생산하는 한림수직을 설립했다. 성이시돌목장과 한림수직의 성공담은 여러 화제를 낳으며 미국의 〈타임〉지에 실리기도 했다.

녀 순임이의 유골함을 보며 맥그린치 신부는 한림수직을 시작했다. 4·3을 겪은 제주 출신들은 타지에서 냉대와 설움을 겪었을 것이다. 한림수직은 혼수 용품으로 각광을 받았고, 서울 명동에 있는 조선호텔과 제주 KAL호텔에 직영 매장을 열었다.

한림수직 이야기는 당시 미국의 〈타임(TIME)〉지에 실리기도 했다. 한림에 살던 스물세 살 강명수 씨가 사진 모델이었다. 비양도가 보이는 바닷가에서, 협재해수욕장 등지에서 한림수직 옷을 입고 사진을 찍었다. 아일랜드에서 온 로사리아 수녀님의 도움이 컸다. 척추 장애가 있어 늘 등을 구부리고 살았던 이봉선 할머니를 비롯해 평생을 한림수직에서 일한 제주의 여성들이 이야기가 전해온다.

26

이덕구 산전
북받친 마음으로 걷다

1949년 6월 7일 4·3 당시 인민유격대 총사령관 이덕구의 시
신이 관덕정 광장에 전시되었다. 그곳은 제주경찰서 앞이었
다. 가슴 호주머니에 숟가락을 꽂은 채 나무 십자가에 묶인 모
양이었다. 훗날 그 숟가락을 두고 어떤 시인은 삽시(挿匙)라고
표현했다. 제사 지낼 때 숟가락을 메에 꽂는 삽시. 시신은 남
수각 아래 하천에서 불태워졌다. 다음 날 비가 내려 모두 떠내
려가 버렸다고 한다. 그의 나이 스물아홉이었다.

제주도 사람들은 일제의 식민지배 이후 남은 빈곤에 전염
병까지 도는 상황에서 건재한 친일파 경찰들과 새로 들어선
미군정의 횡포에 저항했다. 5·10 총선거를 거부하며 한라산

으로 갔다. 살기 위해 산으로 갔다. 강요배의 그림 '한라산 자락 사람들', 김수열의 시 「입산」에는 산으로 가야만 했던 사람들의 눈빛이 담겨있다.

덕구 덕구 이덕구

이덕구는 1920년 제주도 신촌리에서 태어났다. 그는 4·3때 김달삼에 이어 두 번째 인민유격대 사령관을 맡아 한라산에서 토벌대에 대항했다. 리츠메이칸대학 경제학과 재학 중에 일본 육군에 입대했다가 광복을 맞이해 소위로 제대했다. 조천중학교 교사로 재직하다 4·3이 발발하자 입산했다. 1949년 6월 경찰과 교전을 벌이다 최후를 맞았고, 시신이 관덕정 광장에 매달려졌다. 이덕구 일가족 대부분이 희생되었다. 부인과 다섯 살 아들과 두 살 딸도 죽었다. 아들을 죽일 때 아버지가 있는 산으로 가라고 하고 산 쪽으로 걸어가는 아이에게 총을 쏴 죽였다.

이덕구는 일본 유학 중에 자신이 항쟁의 장두가 될 거라 생각했을까. 신축항쟁이 일어난 지 오십 년도 채 지나기 전에 이덕구는 이재수에 이어 효수되었다. 약관의 경제학도 이덕구는 단풍 물든 키누가사 시계탑 아래에서 가난한 제주도 사람들을 경제적으로 구제할 방법을 궁리했을 텐데……

이덕구는 관동군이 되었다. 다행히 광복을 맞이해 귀국을 했지만, 그의 앞에는 이미 전쟁의 그늘이 드리워져 있었다. 일본군은 미군의 진군을 막기 위해 가미카제 공격을 했다. 일제는 제주도 곳곳에 진지동굴을 팠다. 알뜨르에는 비행장을 만들었다. 결7호작전의 격전지로 제주도를 택했는데 오키나와가 불바다가 되었다. 미군이 오키나와에 상륙할 때 함포와 함재기로 먼저 사격을 가한 후 지상에 올라 곡사포를 쏘아댔다. 토치램프라 불리던 화염방사기를 사용해 불태우고, 코르크마개뽑이라 불리던 폭약을 터뜨렸다. 대형화염방사기를 장착한 셔먼전차를 앞장세우고, 보병은 일본군 동굴에 휘발유를 부었다. 리틀보이, 팻맨으로 명명한 원자폭탄이 히로시마와 나가사키에 투하되고, 제주도는 미군정이 되었다. 4·3 당시 미군정은 오라리에 불을 질러 평화 협정을 박살 내고, 그해 가을 오키나와처럼 제주도 중산간마을을 초토화했다. 이덕구는 1949년 6월 봉개리 족은개오리오름 부근에서 최후의 숨을 쉬었다.

광복을 맞이해 귀국한 이덕구는 조천중학원에서 역사와 체육을 가르쳤다. 조천리가 어떤 마을인가. 제주에서 3·1운동의 중심지였다. 지금은 조천만세동산에 제주항일기념관이 세워져 있다. 제자들의 증언에 따르면 "사람이 무던히 좋았지사상운동하는 사람 같지는 않았다"고 그를 회고한다. 1947년 3·1절 발포사건에 대한 저항으로 이루어진 민관 총파업에 조천중학원도 파업을 했고 경찰에 붙잡힌 이덕구는 취조를 받으면서 왼쪽 고막이 터졌다. 한 달 넘게 구금이 되었다가 풀려난 뒤 마지막 수업을 하고 숨어 지냈다. 이때 조천중학원 학생 김용철은 고문을 받다 숨을 거두었다. 제자의 주검을 바라본 선생 이덕구의 심정은 어땠을까. 지금 조천보건소가 있는 곳이 조천중학원의 자리였다. 조천지서 앞에서 백여 명의 마을 사람들이 총살당했다.

홍길동이나 임꺽정이 그랬던 것처럼 이덕구도 민중의 응원을 받았다. 그는 평소 다리에 모래주머니를 차고 다니다 위급한 상황이 되면 그 모래주머니를 풀어서 달렸다고 한다. 이덕구가 얼마나 날쌘지 경찰이 그를 발견하여 총을 겨누는 사이 그는 사라지고 그 자리엔 모래만 수북하더라는 이야기가 전해온다. "박박 얽은 그 얼굴 / 덕구 덕구 이덕구 / 장래 대장가심(감)"하는 노래도 전해온다. 제주시 회천동에 이덕구 가족묘가 있다.

산에 산에 하얗게 눈이 내리면

1949년 1월 12일 의귀국민학교에서 벌어진 전투에서 유격대가 패하면서 이덕구 부대는 전의를 상실했다. 사실 변변한 무기가 많지 않던 유격대였다. 의귀국민학교에 주둔하고 있던 2연대는 학교 지붕에 기관총을 거치하고 수천 발을 쏘아댔다.

사려니숲길을 걷다 작은 표지석을 따라 올라가면 이덕구 산전이 나온다. 군경 토벌대를 피해 다니던 이덕구 부대는 1949년 3월 봄 이후 봉개리 북받친밭에 머물렀다. 경사진 땅이라서 토벌대가 올라오는 걸 확인할 수 있고, 수풀이 우거져 있어서 숨어 있기에 적당했을 것이다. 근처에 천미천이 있어서 식수를 구하기에도 좋았다. 하천에서 바로 물을 사용하면 하류로 흘러가 은신처가 발각될 우려가 있기 때문에 천미천에서 물을 길어 썼다고 한다. 천미천은 북으로 흐른다. 이덕구 부대가 주둔했던 곳이어서 훗날 '이덕구 산전'으로 불리게 되었다.

이덕구 산전은 원래 북받친밭이나 시안모루라 불렸다. 1949년 2월에 봉개 사람들이 토벌대를 피해 숨어 지내던 곳이다. 그 후 봄에 이덕구 부대가 머물렀다. 산전(山田)은 화전(火田)에서 나온 말로, 산에 머물면서 생활해서 그런 이름이 붙은 것을 보인다. 지금도 찾아가 보면, 당시 움막을 지었던 흔적으로 당시에 머물던 곳을 짐작할 수 있고, 그때 음식을 해 먹었던 그릇들이 깨진 채 발견되기도 한다.

이덕구 산전 이덕구 부대가 토벌대를 피해 주둔했던 봉개리 '북받친밭'을 이른다. 우거진 수풀 가운데 4·3 유적지임을 알리는 표식이 서 있다. 당시 지었던 움막 흔적과 음식을 해 먹었던 그릇들이 깨진 채 남아 있다.

제주의 가수 최상돈은 이덕구 산전 같은 4·3 유적지를 다니며 노래를 부른다. 최상돈은 「애기동백꽃의 노래」, 「세월」 등의 4·3 추모곡을 불렀다. 4·3 노래는 안치환의 「잠들지 않는 남도」, 최상돈의 「애기동백꽃의 노래」가 대표적이다. 소금인형이 부른 「입산」은 김수열 시인의 시가 노랫말이다. 「산 들 바다의 노래」, 「死삶」, 「4·3을 노래하는 사람들」 등의 음반이 있고, 3호선 버터플라이, 요조, 씨 없는 수박 김대중, 허란, 부순정, 조성일, 산오락회, 노래세상 원 등이 참여했다.

「무명천 할머니」, 「할머니의 4·3 이야기」 등의 4·3 노래를 부른 뚜럼브라더스는 「무명천 할머니」를 장조의 노래로 부른다. 대부분의 4·3 노래가 단조인데 「무명천 할머니」는 다소 빠른 템포로 밝게 부른 것. 아이들에게 노래를 가르치는 형식으로 되어 있는데 후대의 아이들이 4·3을 어떻게 계승하면 좋을지에 대한 생각을 하게 하는 노래다.

㈔다크투어는 4·3 유적지를 기행하며 4·3을 기억하는 단체다. 김경훈 시인과 제주민예총을 중심으로 한 사람들은 현충일이 되면 이덕구 산전에 가서 제사를 지낸다. 이들은 광복절에는 속령이골 벌초를 한다. 송령이골은 의귀국민학교 전투에서 사망한 무장대의 시신이 집단 매장된 곳이다.

현기영의 소설 『순이 삼촌』으로 쏘아 올린 4·3문학은 예술

266

이 예민하게 역사에 대응한다는 점을 보여줬다. 해마다 봄이면 제주작가회의는 4·3평화공원 야외에서 시화전을 연다. 오멸 감독의 4·3 영화 '지슬'은 세계적 권위의 선댄스영화제에서 심사위원 그랑프리를 받았다. 이 모든 일들은 다 4·3의 진상 규명과 4·3을 기억하기 위함이다.

27

한담해안산책로
장한철 표해록과 제주 바다

섬에서는 표해의 이야기가 전해온다. 표류기를 쓰려면 일단 살아남아야 한다. 항해 도중 목숨을 잃으면 글을 쓸 수 없다. 가까스로 살아남았다 해도 글을 모르면 기록할 수 없다. 풍랑을 만나 뜻하지 않은 긴 여행을 하게 된다. 여행지는 낯선 곳이다. 그 낯선 경험을 기록한 표해록은 다른 세상을 상상하게 하는 힘이 있다.

제주시 애월에서 태어난 장한철은 과거시험을 보러 가다가 풍랑을 만난다. 구사일생으로 한양에 가서 과거를 봤지만 낙방했다. 물론 포기하지 않고 다시 도전해 급제를 했다. 장한철의 후손 장시영은 향토기업 삼남석유를 설립했는데 원래는 의사였다. 그는 4·3 발발 직전 1948년 3월 6일 조천지서에서 발생한 김용철 고문치사사건의 검시의사였다. 관련자들의 회유에도 고문에 의한 사망이라고 사인을 밝혔다. 2016년 장시영은 가보로 내려오던 『표해록』 원전을 국립제주박물관에 기증했다.

장한철 생가가 있는 제주시 애월읍 한담리. 한담해안산책로는 장한철 해안산책로로 불리기도 한다. 제주올레15코스가 지나가는 곽지리 바닷가에서 애월 한담공원 앞 바닷가에 있는 산책길이 한담해안산책로다. 최근에는 투명카약을 타는 사람들이 많다. 근처에 유명한 곽지해수욕장이 있다.

장한철과 함께 걷는 길

『표해록』은 표해를 기록했기에 남았다. 수많은 사람들이 표류를 했을 것이다. 일단 살아남아야 쓸 수 있는 이야기지만, 살아남았다고 해서 다 쓰지는 않는다. 하멜이 제주도에 표착한 것은 1653년이다. 그는 십사 년 동안 조선에 머문 이야기를 책으로 썼다. 처음에는 밀린 월급을 받기 위해 썼는데, 그 책이 조선을 서양에 알린 최초의 책이 되었다.

제주 관련 표해록을 쓴 사람은 최부, 장한철, 이방익, 문순득 등이다. 그중에서 장한철은 제주시 애월 출신인데 지금은 그가 태어난 한담리 집이 복원되어 있다. 장한철은 제주도에서 본 향시에 수석으로 합격했다. 그러자 마을 어른들이 인재가 났다며 서울에 가서 더 큰 시험을 보라고 권유한다. 게다가 대정 관가에선 노잣돈을 주기도 했으니 지금으로 치면 국비 장학생인 셈이다. 그리하여 장한철은 1770년에 예조에서 보는 회시를 보러 한양으로 가기 위해 배를 탔는데, 그만 풍랑을 만나 유구(오키나와)에 표착했다. 다행히 그는 안남국(베트남) 상선을 만나 구조되었다. 안남국의 배는 무척 컸다고 한다. 장한철의 표현에 의하면, "안남국의 배 크기는 하늘을 가리는

표해록 애월읍 출신 문신 장한철이 쓴 것으로, 한양으로 시험을 보러 떠났다가 풍랑을 만나 유구(오키나와)의 무인도에 표착했다가 다시 한양으로 가기까지의 표류기록을 담았다. 스물 아홉 명이 함께 떠났으나 여덟 명 만이 생존한 드라마틱한 이야기가 기록돼 있다.

산과 같았다"라고 되어 있다. 안남국의 배를 타고 겨우 목숨을 건졌는데 안남국이 왜의 눈치를 보느라 장한철 일행을 기착지 청산도에 내려줬다. 그런 어려움을 겪는 동안 많은 일행들이 목숨을 잃었다. 그런데 그런 극한의 상황에서도 장한철은 청산도의 여인과 사랑을 나누었다. 소복을 입은 여인이 장한철을 도와줬는데, 그녀는 스무 살 과부였다. 여인이 장한철에게 당신이 오 년 안에 돌아오면 당신과 재가를 하겠다고 말한다. 서울로 가기 위해 나루터에서 헤어질 때 둘은 눈물을 흘리며 서러워했다. 그 후 장한철은 청산도로 가지 않았다.

장한철은 구사일생으로 서울에 도착해 과거에 응시했으나 불합격했다. 몇 년 뒤 과거 시험에 합격해서 강원도에서 관직을 지내다가 1778년에 대정현감이 되었다. 그해에 전염병이 돌았을 때 어려운 백성들을 구제했다고 전해온다.

제주 사람들의 출발이 표류에서 시작되었다. 목함을 탄 세 여인이 표착한 곳이 제주도였고, 세 여인은 고을라, 양을라, 부을라와 각각 혼인을 했다. 최근에 제주도에 많은 사람들이 이주를 해오고 있는데, 제주 사람들의 탄생부터가 이주민과의 화합이었다.

장한철의『표해록』에는 그가 표류하면서 머물렀던 섬들이 등장한다. 여인국, 거인도, 벽랑국, 일기도 등인데, 거론한 섬

한담해안산책로 애월리에서 곽지리까지 해안을 따라 제주 바다를 곁에 두고 걸을 수 있는 산책로다. 아름다운 해안을 걸으며 해안 산책의 로망을 실현할 수 있는 이곳은 '제주시 숨은 비경 31'에 선정되기도 했다.

들의 이야기가 흥미롭다. 여인국은 여인들만 살고 있는 나라였다. 이 나라 여인들은 남풍이 불 때 알몸으로 바람을 맞으면 임신이 됐다고 한다. 설화 속 섬일 것 같은데, 『탐라순력도』 '한라장촉'에 보면 서귀포에서 남동 방향으로 약 3,000km를 가면 여인국이 있다고 표기되어 있다. 벽랑국은 완도에 있던 나라 이름이다. 벽랑국은 탐라와의 교류가 활발한 나라였다. 벽랑국은 지금의 소랑도에 위치했다는 말도 있는데, 어쩌면 다도해에서 완도 주변의 섬들이 다 벽랑국의 영향권에 있었는지도 모른다. 벽랑국은 제주도에 목함을 타고 온 세 여인의 고향이다. 그 세인이 벽랑국의 공주라는 이야기가 있는 걸로 봐서 벽랑국과 탐라는 결혼 동맹을 맺은 나라로 볼 수 있겠다. 완도는 삼별초가 제주도에 오기 전에 항전지로 삼은 곳이다. 방어를 하면서도 육지와의 진출을 모색하기 위해 완도를 진지를 삼을 정도로 삼별초는 여몽연합군에 대항하는 의지가 강했다.

『표해록』에 나오는 섬 중에는 검은 이빨의 종족이 사는 나인국이 있고, 거인들이 사는 거인도도 있다. 이쯤 되면 조너선 스위프트의 소설 『걸리버 여행기』가 떠오른다. 역사책이지만 설화를 많이 수록한 일연의 『삼국유사』처럼, 장한철의 『표해록』 역시 제주의 옛이야기가 곁들여진 것으로 보인다. 제주도 사람들은 거인 이야기를 좋아했던 것 같다. 제주설화 중에서 영등할망 이야기에는 외눈박이 거인이 등장한다. 설문대할망은 거인 여신이다. 격투기 선수 최홍만의 고향이 제주도다.

한담리는 바닷가 풍경을 보기 좋은 곳이어서 많은 찻집들이 바닷가 따라 즐비하다. 그곳 해안도로는 용담해안도로와 함께 여행객들이 드라이브를 하기 좋아하는 코스다. 바닷가 마을에서 태어난 장한철은 바다를 바라보며 꿈을 키웠겠지. 그의 생가 주변에 조성된 산책로는 그가 글공부를 하다가 가끔 산책을 했을 법한 길이다. 제주도에는 걷기 좋은 곳이 많지만, 한담의 장한철 해안산책로는 제주의 바다 풍광을 오롯이 느끼며 걸을 수 있는 길이다.

28

남방큰돌고래방류기념비
고향으로 돌아온 서커스 돌고래

남방큰돌고래는 인도양, 서태평양, 오스트레일리아, 중국 남부, 제주도, 일본 규슈의 해안 등지에서 서식한다. 제주 바다에는 현재 약 백여 마리가 살아가고 있다. 길이 2m, 몸무게 200kg이 넘는 고래다. 우리나라에서는 제주도 연안에서만 발견이 된다. 세계자연보전연맹(IUCN)은 남방큰돌고래를 멸종 전 단계인 '준위협종(NT)'으로 분류했다.

제주도 바닷가에서 바다 멀리 여러 마리가 헤엄치는 돌고래를 보면 재수 좋은 일이 생길 것 같은 기분이 든다. 처음 발견한 사람이 돌고래가 있다고 소리치면 근처 사람들이 일제히 그곳을 바라보며 탄성을 지른다. 사람들은 돌고래를 좋아한다. 육중한 몸으로 점프를 하는 모습은 바다에 무지개를 그리는 것 같다. 제주도 바다에는 남방큰돌고래가 산다.

　제주시 김녕리 김녕해수욕장 근처 바닷가에는 서울대공원에서 돌고래 쇼를 하던 제돌이가 고향 바다로 돌아간 것을 기념하는 비가 있다. 제주도는 인간만의 섬이 아니다. 곶자왈에 사는 두점박이사슴벌레도 있고, 오름에 피는 꽃향유도 있고, 바다에는 남방큰돌고래도 있다.

고향 바다에서 찾은 자유

"제돌이의 꿈은 바다였습니다."

　제주시 구좌읍 김녕리 바닷가에 있는 제돌이 방사 기념비에 새겨진 글씨다. 고향 바다로 돌아온 제돌이는 자유롭게 제주 바다를 헤엄친다. 불법 포획되어 원하지 않는 쇼를 하는 남방큰돌고래의 처지를 세상에 알린 돌고래는 제돌이였다.

　제주도 돌고래를 줄여서 제돌이라 이름 지었다. 2009년에 신풍 바다에서 포획된 제돌이는 영문도 모른 채 끌려가 서울대공원에서 돌고래 쇼를 했다. 훌라후프를 돌리고, 점프를 했다. 어린이들이 환호성을 질렀지만, 그 소리를 듣고 돌고래는 기뻐했을까.

　2013년 7월 제돌이가 고향 바다로 돌아왔다. 시민단체와

남방큰돌고래방류기념비 남방큰돌고래가 방류된 곳임을 알리기 위해 김녕리 바닷가에 세워졌다. 서울대공원에서 공연을 하던 돌고래 제돌이, 금동이, 삼팔이, 춘삼이가 이곳에서 제주 바다로 돌아갔다.

학계의 요구를 서울시가 마침내 받아들인 결과였다. 비슷한 시기에 잡혀 온 삼팔이와 춘삼이도 고향으로 돌아왔다. 가두리에서 야생 적응을 하던 중 거센 파도에 생긴 구멍으로 삼팔이는 예정보다 일찍 빠져나갔는데, 다행히 건강하게 살아간다. 삼팔이는 제주에 돌아온 지 삼 년 만에 새끼를 낳은 것으로 확인됐다. 춘삼이도 삼팔이에 이어 새끼를 낳았다.

복순이는 사연이 딱하다. 제돌이와 같이 그물에 걸려 동물원에 끌려왔는데, 입이 비뚤어지는 등 건강이 안 좋았다. 눈물을 흘리는 모습이 기자 사진에 찍혀 우울증 돌고래라 불렸다. 제돌이보다 몇 년 늦게 고향 바다로 돌아왔다.

해양환경단체 핫핑크돌핀스는 2020년에 제돌이가 건강히 제주 바다에서 지내고 있는 모습을 발견했다. 제돌이의 등지느러미에는 숫자 '1'이 새겨져 있다. 춘삼이가 '2'번이다. 그리고 태산이, 대포, 금동이도 고향 바다로 돌아왔다. 제돌이와 같은 남방큰돌고래는 제주도 바다를 빙빙 돈다. 만약에 제주도 바다에서 돌고래를 보면 손을 흔들어 인사를 하자.

제주의 돌하르방 중에서 돌고래처럼 서울에 끌려간 돌하르방이 있다. 국립민속박물관에 있는 돌하르방. 타향살이에 시름이 많았는지 인상을 찌푸린 표정으로 꾸부정하게 서 있는 돌하르방이다. 제주목 동문 밖에 있던 돌하르방인데 중앙 권

남방큰돌고래 제주 바다에는 돌고래가 산다. 무리 지어 헤엄치다가 바다 위로 점프를 하는 모습은 쉽게 만날 수 없는 장관으로 발견한 모두가 탄성을 지르게 한다. 국제보호종인 남방큰돌고래는 제주 연안에 백여 마리가 서식 중이다.

력의 힘으로 이동되었다. 돌고래처럼 언젠가는 고향 제주로 돌아올 수 있을까.

우리 함께 살아가기 위해

제주에서는 남방큰돌고래를 곰세기 혹은 수애기라 부른다. 흥미로운 점은 남방큰돌고래도 사투리를 쓴다는 것이다. 사는 해역마다 초음파가 다르기 때문이다.

해녀가 물질할 때 남방큰돌고래를 마주칠 수 있다. 그럴 때는 해녀들이 물 밖으로 나가 "물 알로! 물 알로!"를 외친다. 그러면 돌고래들이 물질을 하는 해녀들 밑으로 더 내려가 피해서 지나간다. 해녀와 돌고래의 공존을 생각하게 하는 지점이다.

2017년 7월 함덕해수욕장에 상어가 나타났다. 스티븐 스필버그의 1975년 영화 '조스'의 영향으로 상어에 대한 공포를 갖고 있기에 상어가 나타나자 해수욕을 즐기던 백여 명의 피서객이 급하게 대피했다. 상어가 나타나는 건 흔하지 않은 경우이지만, 남방큰돌고래는 무리 지어 가는 모습을 종종 볼 수 있다.

제주가 고향인 사람들은 한두 번 정도는 남방큰돌고래에 대한 목격담이 있다. 제주도 바닷가 마을이 고향인 어떤 사람은 열 번 넘게 봤다고 한다. 남방큰돌고래는 사람을 좋아해서 배 가까이 오곤 한다.

남방큰돌고래는 제주 바다에서의 삶을 위협받고 있다. 환경 오염으로 말미암아 폐수가 바다로 유입되고, 돌고래를 가까이에서 보겠다는 사람들의 접근, 항구 건설 등 해안 시설물들의 개발, 해상 풍력 단지 등 때문에 살 곳을 잃어가고 있다. 제주도를 한 바퀴 빙 돌아 서식하는 남방큰돌고래는 해안 시설물이 있는 해안에서는 더 멀리 우회해서 지나간다고 한다. 이렇게 개발만 이루어진다면 남방큰돌고래는 제주도에서 점점 멀어질 것이다.

핫핑크돌핀스에서 활동하는 리키루니는 서귀포시 대정읍 영락리가 고향이다. 고향 바다에서 보던 돌고래의 모습을 잊을 수 없다. 유년의 돌고래는 아름다운 제주 바다의 원형적 빛깔이었다. 그 돌고래를 제주 자연에 대한 어떤 기준점으로 인식한 그는 자연스레 환경운동에 관심을 갖게 되었다. 그는 남방큰돌고래에 대한 관심이 오히려 돌고래에게 해를 끼치게 할 수도 있기에 관심을 둘 때는 거리를 둘 필요가 있다고 말한다. 정말 남방큰돌고래를 사랑한다면 자유롭게 지낼 수 있도록 일단 내버려두기를 바란다고 말했다. 남방큰돌고래를 통해 제주를 대하는 우리의 자세를 생각하게 한다.

제주 북쪽 연표

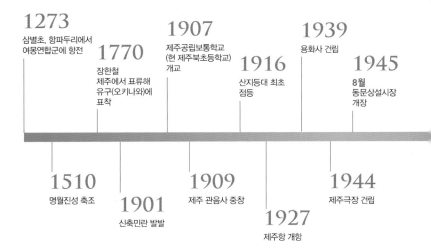

1273
삼별초, 항파두리에서 여몽연합군에 항전

1770
장한철 제주에서 표류해 유구(오키나와)에 표착

1907
제주공립보통학교 (현 제주북초등학교) 개교

1916
산지등대 최초 점등

1939
용화사 건립

1945
8월
동문상설시장 개장

1510
명월진성 축조

1901
신축민란 발발

1909
제주 관음사 중창

1927
제주항 개항

1944
제주극장 건립

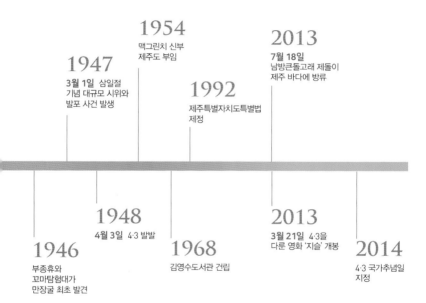

1947
3월 1일 삼일절
기념 대규모 시위와
발포 사건 발생

1954
맥그린치 신부
제주도 부임

1992
제주특별자치도특별법
제정

2013
7월 18일
남방큰돌고래 제돌이
제주 바다에 방류

1946
부종휴와
꼬마탐험대가
만장굴 최초 발견

1948
4월 3일 4·3 발발

1968
김영수도서관 건립

2013
3월 21일 4·3을
다룬 영화 '지슬' 개봉

2014
4·3 국가추념일
지정

참고 자료

강문규, 『일곱 개의 별과 달을 품은 탐라 왕국』, 한그루, 2017

강요배, 『동백꽃 지다』, 학고재, 1998

강정효, 『한라산』, 돌베개, 2003

강정효, 『제주, 아름다움 너머』, 한그루, 2020

고광민, 『제주도 도구의 생활사』, 한그루, 2019

김동윤, 『문학으로 만나는 제주』, 한그루, 2019

김동현, 『욕망의 섬, 비통의 언어』, 한그루, 2019

김수열, 『꽃 진 자리』, 걷는사람, 2018

김종철, 『오름나그네 1, 2, 3』, 높은오름, 1995

문경수, 『문경수의 제주 과학 탐험』, 동아시아, 2018

신정일, 『신정일의 새로 쓰는 택리지 – 제주도』, 다음생각, 2012

오희삼, 『한라산 편지』, 터치아트, 2009

이영권, 『새로 쓰는 제주사』, 휴머니스트, 2005

이영권, 『제주 역사 기행』, 한겨레신문사, 2004

제주시, 『제주마을기행』, 2015

제주연구원 제주학연구센터, 『제주학개론』, 2018

주강현, 『제주 기행』, 웅진지식하우스, 2011

진선희, 『제주바당 표류의 기억』, 민속원, 2017

탐라사진가협의회, 『가매기 모른 식게』, 각, 2011

한진오, 『모든 것의 처음, 신화』, 한그루, 2019

현기영, 『지상에 숟가락 하나』, 실천문학사, 2009

사진 제공

ⓒ강건모 250쪽, 258쪽

ⓒ리키루니 280~281쪽

ⓒ변상철 192쪽

ⓒ우쓰라 20쪽, 95쪽, 118쪽

ⓒ제주국립박물관 270쪽

ⓒ제주대학교 역사자료 35쪽

ⓒ제주테크노파크생물종다양성연구소 113쪽

ⓒ제주특별자치도 28쪽, 149쪽

ⓒGetty Images Korea 4~5쪽, 32쪽, 54쪽, 62쪽, 66쪽, 69쪽, 86쪽, 87쪽, 122~123쪽, 175쪽, 238쪽

대한민국 도슨트 09

제주 북쪽

제주시·구좌읍·애월읍·조천읍·한림읍

1판 1쇄 인쇄 2021년 8월 2일
1판 1쇄 발행 2021년 8월 10일

지은이 현택훈
펴낸이 김영곤
펴낸곳 ㈜북이십일 21세기북스

키즈융합부문 이사 신정숙
융합2본부장 이득재
지역콘텐츠팀 이현정 정민철 임정우 조문경
외주편집 박정효
사진 현택훈 스튜디오다홍
지도 일러스트 최광렬
디자인 02정보디자인연구소
영업본부장 김창훈
영업팀 허소윤 윤송 이광호 정유진 김현아 진승빈
제작팀 이영민 권경민

출판등록 2000년 5월 6일 제406-2003-061호
주소 (10881) 경기도 파주시 회동길 201(문발동)
대표전화 031-955-2100 팩스 031-955-2177 이메일 book21@book21.co.kr

(주)북이십일 경계를 허무는 콘텐츠 리더

대한민국 도슨트 채널에서 도서 정보와 다양한 영상자료, 이벤트를 만나보세요!
포스트 post.naver.com/travelstudy21
인스타그램 www.instagram.com/k_docent

ⓒ현택훈, 2021

ISBN 978-89-509-9684-0 04900
        978-89-509-8258-4 04900 (세트)